2017

Michael Dunlop – Road Racer
Neymar – Conversation avec mon père
Eddy Merckx – Le cannibale
Larry Bird – Magic Johnson – Quand le jeu était à nous
Arsène Wenger – 20 ans dans les coulisses d'Arsenal
Diego Simeone – Mes secrets de coach

2016

Steve Williams – Ma vie avec Tiger Woods
Allen Iverson – Not a game
Jonah Lomu – L'autobiographie
Jack McCallum – Dream Team
Jorge Mendes – Mes clés pour réussir dans le football
Suzy Favor Hamilton – Fast girl

2015

Djibril Cissé – Un lion ne meurt jamais
Kodjovi Obilalé – Un destin foudroyé
Michael Jordan – The Life
Guga – Un Brésilien, une passion française

2014

Alex Ferguson – Mon autobiographie
Phil Jackson – Un coach, onze titres NBA – Les secrets du succès
Michael Schumacher – Sa vie - Ses victoires - Ses rêves
Franck Ribéry – L'incompris

Collection disponible en version numérique
Retrouvez-nous sur www.talenteditions.fr, Facebook,
Twitter et Instagram

TALENT ÉDITIONS
115 rue de l'Abbé Groult, 75015 Paris

Photos de couverture : © TERENCE DEWAELE et
© TIMOTHY CLARY / AFP

Photos du livret : © AFP, © Icon Sport
et collection personnelle de l'auteur

ISBN : 978-2-37815-218-5

AUTOBIOGRAPHIE

ALAIN BERNARD

Mon destin olympique

En collaboration avec Antoine Grynbaum

Préface Roxana Maracineanu

Talent Sport

En souvenir de Camille Muffat, Florence Arthaud, Alexis Vastine, Laurent Sbasnik (réalisateur), Lucie Mei-Dalby (journaliste), Volodia Guinard (chef de projet), Édouard Gilles (ingénieur du son), Brice Guilbert (caméraman), et des deux pilotes argentins Juan Carlos Castillo et Roberto Abate, décédés le 9 mars 2015.

Sommaire

Préface

Avec Alain, nous avons réellement commencé à nous côtoyer à la fin de sa carrière. Il s'est investi dans mon programme de lutte contre les noyades chez les enfants et d'apprentissage de la natation pour les tout-petits. Cette cause me guide depuis que j'ai arrêté de nager et désormais en tant que ministre. Elle lui est chère aussi et cela me ravit.

Notre programme dépasse le cadre du simple apprentissage de la nage. Le plan national Aisance aquatique apporte aux enfants dès trois, quatre ans un socle d'acquis qui leur permet de s'épanouir pleinement, de gagner en autonomie, de trouver leur place au sein d'un groupe.

Au départ, l'implication d'Alain m'a un peu surprise car peu d'anciens nageurs l'avaient fait auparavant. J'ai vite mesuré la force de son engagement. Il compte énormément à mes yeux. Alain a tout de suite eu le contact facile avec les enfants, trouvant le bon ton, la bonne posture entre l'ancien champion, le grand frère, le papa qu'il n'est pas encore (sourires). À sa façon, il sait se montrer pédagogue, les accompagner dans leur apprentissage.

J'ai le sentiment que son expérience de nageur n'est pas étrangère à tout cela. Tout au long de sa carrière, il a su rester humble, il détonnait par rapport aux autres sprinteurs qui aiment « se taper les pecs sur les plots ». Lui qui d'apparence est si imposant pouvait même laisser apparaître quelques fragilités.

Fort de ses succès sportifs, il a gagné en confiance et en assurance. Et depuis qu'il est engagé à mes côtés, je le pousse à toujours plus se former, à prendre de l'expérience et creuser son propre sillon.

Sur un plan sportif, pour les petits comme les grands, il est une véritable icône. Il a réussi des performances qui paraissaient inaccessibles avant. Il a ouvert de nouveaux horizons à la natation française.

Aux Jeux de Pékin en 2008, malgré le goût amer de

la médaille d'argent en relais, Alain a réussi l'exploit de remporter le 100 mètres nage libre, la discipline reine, l'épreuve que le monde entier regarde ! Grâce à sa persévérance et au travail collectif, il a porté ce relais vers la victoire à Londres, quatre ans plus tard.

Je me retrouve un peu en lui car j'ai aussi ouvert la voie après mon titre de championne du monde en 1998. Mais Alain est au-dessus de moi en termes de palmarès. On ne compare pas un titre olympique et un titre mondial. En natation, les Jeux, c'est l'objectif ultime. Certains comme Manaudou ou Phelps arrêtent même au milieu d'une olympiade pour mieux y revenir.

Je ne sais où placer Alain dans la grande histoire du sport français. Ça n'a pas beaucoup de sens de comparer les générations. Alain nous a tous fait vibrer à Pékin, et c'est bien là l'essentiel. Moi, ce qui m'intéresse, c'est la continuité intergénérationnelle. Après moi, il y a eu Laure Manaudou qui avait cette faculté innée à passer des caps. Elle a tellement marqué la natation… Je suis convaincue qu'Alain a atteint le Graal olympique un peu grâce à elle. Sa fulgurance dans l'eau l'a inspiré. Mais Alain avait aussi un mental de fer, de la détermination. Porté par des rivalités historiques entre certains clubs, il a toujours eu l'envie de faire partie des meilleurs, de se dépasser. Il s'est retrouvé confronté à la génération star et à une concurrence âpre. Ce qui est sûr, c'est que cette nouvelle génération a grandi en regardant ses performances. Il leur a montré que tout était possible. Il a atteint l'objectif ultime, celui dont rêvent tous les nageurs à l'image de Florent Manaudou qui a su reproduire le modèle pour devenir champion olympique sur le 50 mètres nage libre à Londres.

Tous ces titres ont contribué à faire de la natation française ce qu'elle est aujourd'hui. C'est une histoire que l'on a écrite à plusieurs et qui continue à s'écrire chaque jour.

Une des clés de la réussite d'Alain tient à la relation si particulière qu'il entretenait avec son entraîneur historique, Denis Auguin. Dans une magnifique interview croisée, ils ont raconté leur lien unique et cela m'a particulièrement touchée. Ce sont deux hommes partis de tout en bas, unis par cette confiance mutuelle et une fidélité sans failles. Ensemble, ils ont tout traversé, jusqu'au sacre olympique.

Alain a un tel palmarès et une telle authenticité que j'ai proposé son nom pour baptiser les bassins dans lesquels les petits apprennent à nager ou se rendent en stage dans la piscine de ma ville. À chaque fois que les enfants passent devant la plaque « Alain Bernard », cela suscite toujours des réactions de leur part.

Alain a aussi vécu des événements dramatiques. Je pense à l'accident d'hélicoptère durant le tournage de l'émission de télévision *Dropped*. Quand j'ai appris la nouvelle, ma plus grande crainte c'était qu'il soit arrivé quelque chose à Camille (Muffat) ou lui. Je me suis empressée d'envoyer un SMS à Alain. C'est en lisant sa réponse que j'ai appris le décès de Camille. Comme tout le monde, j'ai été bouleversée par cet événement tragique. C'est quelque chose qui nous lie.

Après ce drame, Alain a su rebondir et n'a jamais cessé de s'investir pour les causes qui lui tiennent à cœur. Au fil du temps, il s'est impliqué aussi bien dans le sport professionnel qu'amateur. Il ne s'intéresse pas seulement à la natation et reste curieux de découvrir d'autres univers en lien avec le sport business ou encore le monde de l'entreprise et l'innovation.

Je pense qu'il a toutes les qualités pour devenir un jour, s'il le souhaite, ministre des Sports. Il est consensuel, a cette capacité d'écoute, d'empathie. Il comprend les sujets, il est ouvert d'esprit. Nul doute qu'il saura s'adresser aussi bien aux pratiquants qu'aux institutions et continuer à porter les projets qui lui sont chers. Il serait tout à fait légitime à s'inscrire dans la belle lignée d'anciens sportifs de haut niveau devenus ministres.

Roxana MARACINEANU
Ministre chargée des Sports

Championne de France, d'Europe, du monde et vice-championne olympique de natation

Avant-propos

Quand j'ai pris la décision de participer à l'émission *Dropped*, trois ans après l'arrêt de ma carrière, je voulais me prouver quelque chose, relever un défi, vivre une aventure exigeante… Comme un nouveau défi sportif. Sans compétition, les montées d'adrénaline me manquaient. J'étais en recherche. J'imaginais ainsi découvrir des facettes de moi-même jusque-là inexploitées.

Durant ma carrière de nageur, quand j'étais au pied du mur, fatigué, que je traversais une période délicate, je me faisais plus économe dans l'eau, plus efficace techniquement. On appelle cela l'expérience. Avec *Dropped*, le défi était tout autre. Serais-je capable de le relever, de m'aventurer dans un environnement inconnu que je ne maîtrisais pas…

Un sportif de haut niveau est systématiquement assisté sur la logistique, les petits et les gros riens de la vie quotidienne, alors que la production de *Dropped* allait nous livrer à nous-mêmes, dans une nature faite de paysages à couper le souffle mais ô combien hostile. Comment allais-je réagir ? De quelle manière allais-je mettre à profit mon expérience sportive ?

C'est en novembre 2014 qu'un responsable d'ALP, Adventure Line Productions, la société qui produit également Koh-Lanta et Fort-Boyard, m'a contacté. Nous nous sommes donné rendez-vous à Paris et j'y suis allé accompagné de mon agent, Robert Leroux. La production m'a montré un *teaser* de ce concept suédois, une course d'orientation où tu es livré à toi-même, à l'instinct. Le concept était simple : deux équipes lâchées au même endroit, avec un objectif, retrouver un point de civilisation pour brancher un téléphone et appeler l'animateur pour lui signaler que l'objectif était atteint. L'équipe qui perdait devait éliminer l'un de ses membres… *Dropped* car droppés par hélicoptère sur un lieu, au total quatre endroits que l'on ne connaissait pas au départ, pour les quatre manches du jeu qui devaient se dérouler en Amérique du Sud et en Afrique.

J'ai vite été rassuré sur les risques. Les participants seraient bien encadrés et de toute façon, en cas de danger, les caméramans les alerteraient, les réorienteraient au besoin.

L'hélicoptère m'a toujours fait vibrer. Être droppé quelque part, au milieu de la nature, cela ne me faisait pas plus peur que ça. Avec ma formation de pilote privé avion, j'avais des notions d'aéronautique, j'étais en terrain connu. Et il faut bien garder à l'esprit qu'il y a bien moins d'accidents dans les airs que sur les routes. L'hélico, un risque sans être un risque donc.

Découvrir d'extraordinaires paysages au travers de cette aventure en immersion dans la nature, aux côtés d'une équipe que je ne connaissais pas, m'excitait. Pourtant, la téléréalité ne m'emballait pas trop. Se construire une image people, basée sur la superficialité et la surmédiatisation, ne me correspondait pas. J'appréhendais le jugement du public sur cette seule aventure, en dehors de mon cadre sportif, pas vraiment en lien avec ma personnalité. Je me rassurais en me disant que *Dropped* ressemblait plus à une aventure filmée qu'à une téléréalité en mode « bocal », enfermés à plusieurs dans une maison avec des histoires de cœur, du « bad buzz » et des polémiques.

J'avais été séduit par la production qui m'avait proposé une somme non négligeable (l'équivalent d'une belle prime d'une médaille olympique), mais l'argent n'était pas ma motivation principale. La réussite dans mon parcours sportif m'avait permis de voir venir.

L'une de mes plus grandes appréhensions résidait dans le fait d'être livré à moi-même pour l'alimentation. Nous avions la garantie de disposer de notre ration quotidienne d'eau potable, mais il fallait se débrouiller pour trouver de la nourriture dans la nature pendant trois jours et demi, quatre jours…

Lors des premières heures sur le tournage, j'étais émerveillé. Tout était beau, l'excitation battait son plein. Mais cette belle dynamique n'a pas duré. Au bout de trois jours, j'avais déjà l'impression d'être au bout de ma vie… « Mais pourquoi tu t'es embarqué dans ce truc-là ? » me disais-je sourdement. Cette lancinante question m'empêchait de vivre pleinement ce qui devait être une belle aventure.

Avec mon sac à dos, une équipe de production à nos côtés, ce n'était quand même pas le bout du monde de marcher trois ou quatre jours. Ces quinze dernières années, j'avais parcouru 50 000 kilomètres à la nage (12 à 14 kilomètres par jour). Marcher et marcher encore, ce n'était pas ça qui allait me faire peur !

De temps en temps, il y avait des pauses techniques, permettant aux équipes de procéder aux changements de batteries des caméras et des drones, et aussi de faire les interviews... Moi, je répondais vite aux questions. Mais pourquoi nous arrêtions-nous sans cesse ? Je voulais repartir, à fond dans l'aventure au début de la première manche de notre aventure à Ushuaïa.

La nuit, il fallait choisir un endroit où bivouaquer. Pour dormir, avec Anne-Flore Marxer, Jeannie Longo et Philippe Candeloro, nous avions décidé de poser notre bâche sur le sol pour éviter l'humidité. Le premier soir, nous avions mis énormément d'énergie pour nous constituer un bon campement de fortune. La deuxième nuit, nous étions allés à l'essentiel.

Nous devions marcher 12-15 kilomètres quotidiennement, une distance raisonnable en temps normal, mais le ventre à moitié vide, c'était une autre affaire. Dans ce genre de situation, j'ai du mal à faire la part des choses, il n'y a plus vraiment d'amitié qui tienne. Et puis les caméramans nous suivaient sans cesse, dans un harcèlement qui faisait oublier toute idée d'aventure… Sorti de ma zone de confort, j'étais souvent agacé, pour ne pas dire plus. Je me revois allongé sur le sol, épuisé, à manger des baies, des petits fruits rouges, ce qui traînait. En même temps, cela faisait partie du concept, de l'aventure…

En fait, les participants ne connaissaient pas le casting à l'avance. Il nous a été dévoilé le jour J, au départ de la première étape à Ushuaïa… Je me souviens de nos discussions entre nous les jours précédant le tournage, notamment au moment de la répartition des équipes. Nous étions logés dans un endroit pittoresque, dans la région d'Ushuaïa… Une grande pièce avec une grande cheminée, un endroit *cosy* comme je les aime, dégageant une belle authenticité. La constitution des équipes ne me déplut pas. De toute façon, j'étais prêt à collaborer avec n'importe qui, comme l'ensemble d'entre nous je pense. Je faisais équipe avec Jeannie Longo, Philippe Candeloro et la snowboardeuse Anne-Flore Marxer. Nos adversaires étaient Sylvain Wiltord, Camille Muffat, Florence Arthaud et Alexis Vastine.

Avant le tournage à Ushuaïa, nous observions les étoiles et Florence Arthaud en a profité pour nous expliquer à quel point elles pouvaient être utiles pour l'orientation. Elle savait se servir d'un sextant même si bien entendu, nous serions privés de moyen matériel pour nous repérer lors de l'aventure qui commençait le lendemain ! Je ne connaissais que son nom et son palmarès. Ce fut une belle rencontre, tout en simplicité. Elle nous raconta sans forfanterie son impressionnant accident de navigation, entre la Corse et le continent. En pleine navigation de nuit, elle était tombée à l'eau. Par bonheur, elle disposait sur elle d'un téléphone étanche. Elle avait ainsi pu appeler sa maman, puis son frère à Paris qui avait déclenché les secours. Elle fut repêchée saine et sauve, certes en hypothermie, mais après quasi deux heures d'angoisse.

Cette première aventure à Ushuaïa, mon équipe l'avait emportée. C'est donc logiquement l'équipe adversaire qui, selon le règlement du jeu, a dû éliminer l'un de ses membres. Ce fut le footballeur Sylvain Wiltord qui fut désigné par ses coéquipiers pour quitter l'aventure. J'imagine que sa déception de l'instant fut largement évacuée au regard du dramatique accident qui suivit.

Après quelques jours de repos, pour la deuxième étape, nous avons pris la direction de la province argentine de la Rioja. Le jour du drame, les conditions météo n'étaient pas favorables… Nous étions prêts à partir en hélico à 8 heures du matin, puis cela a été décalé plusieurs fois à cause de problèmes de visibilité : 10 heures, midi, puis ce fut enfin le départ à 14 heures. Une heure de trajet était prévue entre l'hôtel et le lieu de droppage…

À Ushuaïa, mon équipe et moi étions partis les premiers. Ce jour-là, c'était donc à l'équipe adversaire d'ouvrir la voie. À quoi peut tenir une existence ? Pourquoi eux et pas moi ? Le traumatisme, l'injustice, le destin, la chance… Il y avait deux hélicos : l'un avec l'équipe de Florence, Alexis et Camille, l'autre avec les journalistes et le caméraman.

À terre, nous avons observé le premier hélicoptère décoller puis faire quelques ronds dans le ciel, au-dessus du deuxième hélicoptère toujours au sol, sûrement pour faire des prises de vue… Puis ce fut au tour de l'hélicoptère de nos concurrents de décoller. Je ne sais pas pourquoi, je me suis retourné, je les ai perdus de vue. Peut-être deux ou trois minutes après leur départ, nous avons entendu un énorme bruit, un gros claquement. Surprise, incompréhension, quelques secondes de flottement. À terre, nous nous observons, sans voix. Puis nous voyons de la fumée au loin, à moins d'un kilomètre à vol d'oiseau…

Les membres de la production, mes coéquipiers et moi, nous avons sauté dans les voitures disponibles, la boule au ventre. Il nous a fallu quelques secondes pour arriver sur les lieux. Et ce que nous avons trouvé ne prêtait à aucune équivoque : une carcasse d'hélicoptère au milieu de la végétation, des parties de la carlingue calcinées, des flammes… Une image de chaos. Nous sommes sortis des voitures, hébétés. Nous avons observé les alentours, pour voir si des passagers auraient pu être éjectés dans le crash… Malheureusement rien… Nous nous sommes raccrochés à un mince espoir, en vain.

Nous étions effondrés mais il a fallu faire bonne figure et parer au plus pressé. Prévenir nos familles que nous étions en vie avant que la terrible nouvelle ne fasse la une en France. Et puis ce fut un appel déchirant au frère d'Alexis Vastine pour lui annoncer la terrible nouvelle. Nous voulions le faire avant qu'il ne l'apprenne par les médias.

Nous sommes restés enfermés à l'hôtel quatre jours pour les besoins de l'enquête. Une juge argentine et de nombreux enquêteurs n'ont pas tardé à débarquer.

Ce furent des jours éprouvants entre les interrogatoires et la pression de la centaine de journalistes et de paparazzis autour de l'hôtel, certains cachés dans les arbres.

Camille Muffat était l'une de celles que je connaissais le mieux. Elle venait de prendre sa retraite sportive. Elle était hyper épanouie, à fond dans l'émission, très décontractée et rieuse. Elle avait prévu de prendre du bon temps après une carrière bien remplie et se laisser le temps de voyager, de profiter des moments les plus agréables de la vie, parfois incompatibles avec nos objectifs sportifs. Un repas qui peut finir un peu plus tard, un week-end de trois jours, des rencontres, du temps pour assouvir ses passions... Elle avait soif de vivre.

Je l'avais connue au bord des bassins en équipe de France et ailleurs. Je me souviens de sa capacité à effectuer des temps de folie lors d'un stage en Australie en 2007. Il lui faudra encore quelques années pour s'affirmer au plus haut niveau international mais à force de répétition et de travail acharné, elle parviendra à conquérir le Graal olympique en 2012, médaille d'or sur le 400 mètres nage libre des JO de Londres. La veille du drame, lors d'un apéritif avec tous les candidats de l'émission, Camille et moi avions fait notre petit effet : une course dans une piscine de 12 mètres de long. Elle m'avait confié alors que c'était la première fois qu'elle se remettait à l'eau depuis l'arrêt de sa carrière en juillet 2014, sept mois plus tôt.

Alexis Vastine, lui, avait été malheureux dans ses résultats sportifs. Ce boxeur talentueux obtint une médaille de bronze aux JO de Pékin, après avoir été volé de sa victoire en demi-finale par une décision arbitrale honteuse. Il avait fait un *burn-out* un ou deux ans avant le tournage et s'était fixé Rio 2016 comme objectif. Il n'aura jamais l'occasion de prendre sa revanche.

Trois ans après ma retraite sportive, j'étais confronté à la dure réalité de la vie. J'eus bien du mal à encaisser cet accident épouvantable… Personne n'est préparé à une telle épreuve, sans commune mesure avec les difficultés rencontrées dans mon parcours de sportif, insignifiantes au regard de ce choc… Mais la vie continuait. Ce drame précipita en quelque sorte l'heure des bilans.

Huit ans après avoir décroché l'or olympique à Pékin, après une carrière faite de bas et de hauts, de souffrances et de joies, de si belles rencontres et d'exploits, de déceptions et de polémiques, je devais me réinventer.

Et quoi de mieux pour affronter sereinement l'avenir que de me remémorer ma trajectoire hors du commun, débutée à quatre ans dans une piscine de quartier à Aubagne. Bienvenue dans les coulisses de la construction d'un 100 mètres pour l'éternité… et de la vie d'après.

Chapitre I

Pékin 2008, le Graal olympique

Onze centièmes de seconde… De quelle manière onze centièmes peuvent changer une vie… Onze centièmes, soit entre 15 et 20 centimètres… Dans l'eau, on ne distingue trop rien, mais dans la vision périphérique, on sait si on est plus ou moins devant, derrière. Je me sentais au coude à coude, dans le coup pour la victoire… Jusqu'au bout, j'espérais finir devant.

On le sent, en fonction de sa fréquence et de sa fatigue si on gère sa course ou si on est dépassé par les événements… Onze centièmes alors qu'en 2004, j'avais vécu l'une de mes plus grandes déceptions en échouant dans la qualification olympique pour dix-sept tout petits centièmes. La bascule, dans un sens ou dans l'autre de l'histoire… Si je n'avais pas vécu cet échec injuste et cruel des Jeux d'Athènes 2004, je n'aurais pas trouvé la force, l'énergie de reconstruire un projet olympique. Si je m'étais qualifié au sein du relais à Athènes, je ne sais pas si je me serais battu à ce point. Mais cet échec de 2004 fut hautement salutaire pour la suite de ma carrière.

Avec l'équipe de France, nous nous sommes retrouvés en juillet 2008. Je m'étais qualifié quelques mois plus tôt lors des Championnats de France de Dunkerque en gagnant la finale du 100 mètres devant Fabien Gilot avec un temps prometteur au regard d'une mauvaise gestion de course (21"97 au virage – deuxième meilleure performance de l'histoire). Sur le plateau télé d'après-course, Philippe Lucas se montra très élogieux : « Alain, c'est un super gars, il peut devenir champion olympique. » Un brin devin, l'entraîneur charismatique de Laure Manaudou me donna le plein de confiance dans la dernière ligne droite vers Pékin… Des compliments que j'appréciai d'autant plus venant de cet homme connu pour ses coups de gueule, mais attachant en privé, loin de l'image qu'il peut véhiculer auprès du grand public.

L'équipe de France se donna rendez-vous à Colombes en région parisienne, pour deux ou trois jours de stage avant l'envol pour la Chine. Ensuite, ce seraient trois semaines de vie commune avec les meilleurs nageurs français, pas tout à fait en vase clos mais dans la promiscuité. Quelque chose d'entrée me marqua : la remise de l'équipement de l'équipe de France, le sac, les tee-shirts, les bonnets à mon nom avec les anneaux olympiques, ce sentiment d'appartenance à une équipe.

À Colombes, l'entraînement était assez classique, par groupes respectifs et sous la responsabilité de mon entraîneur d'Antibes, qui me connaissait par cœur, Denis Auguin. Cela avait d'ailleurs occasionné une petite embrouille avec les nageurs de Marseille (Gilot, Mallet et Bousquet). Mécontents de ne pas avoir à leurs côtés leur entraîneur, Romain Barnier, non sélectionné dans le staff de l'équipe de France, ils avaient boycotté le départ de la finale du 100 mètres de l'Open EDF à la Croix-Catelan dans le bois de Boulogne, un cadre bucolique et tranquille, rendu un peu nuageux à cause de ces circonstances. Dans ce relais qui devait défendre les couleurs françaises aux JO, il n'y avait pas d'animosité, mais ce loupé vint perturber notre sérénité. Chez les nageurs du Cercle de Marseille, il y avait notamment Frédéric Bousquet. Nous n'étions pas les meilleurs potes mais nous nous entendions relativement bien et avions un respect mutuel.

Cette notion de clan existait chez les « Marseillais », et si tu n'en faisais pas partie, tu le ressentais. Dans le relais, il y avait donc les trois Marseillais, Boris Steimetz qui s'entraînait à Antibes avec moi, Amaury Leveaux, le protégé de Philippe Lucas, et donc moi. Les relations étaient cordiales, mais quand tu dois construire un relais, une équipe, un état d'esprit, ce supplément d'âme manquerait peut-être au final. J'y reviendrai. Le relais formait une petite équipe à part, avec ses repas à table en fonction des affinités. Je partageais ma chambre avec Boris et dans cette époque de préparation olympique, je passais du temps avec Coralie Balmy, nageuse de l'équipe de France. Nous avions flirté puis nous nous étions séparés un an plus tôt à cause de la distance notamment, pour mieux nous remettre en couple avant le début de la préparation olympique. Il y avait également Hugues Duboscq dans notre fine équipe. À vrai dire, à ce moment-là, il n'y avait pas de tensions mais plutôt de l'euphorie. Nous avions tous hâte de prendre part à cette aventure olympique, hâte d'en découdre avec les meilleurs nageurs de la planète.

Ne pas faire partie du clan des Marseillais, je m'en moquais. J'étais amoureux, eux étaient célibataires. Boris, lui, était en couple avec une nageuse synchronisée. Le fait d'être avec Coralie à quelques heures de mes débuts olympiques me rassurait. Timide et réservée, assez froide et distante au premier regard, Coralie était pourtant attachante et accessible une fois percée cette coquille de protection. Nous riions beaucoup ensemble, nous nous donnions mutuellement des conseils sur la gestion de la compétition. Vivre tout cela nous rapprochait encore plus.

Après le rassemblement de Colombes, toute l'équipe de France de natation s'est envolée pour un camp d'entraînement à Dalian, à une heure d'avion de Pékin. La Chine, je connaissais déjà un peu. Nous étions quelques-uns à avoir fait un stage là-bas un an avant l'échéance olympique. C'est un pays qui m'intriguait par son gigantisme, son surprenant mélange de tradition et de modernité. À Dalian, nous étions dans une ville aux artères surfaites, avec des hôtels en mode Disney, sans âme, à une heure de vol de Pékin, de la Cité interdite, de sa puissante histoire. Dalian, c'est le « Saint-Trop chinois », avec des habitants qui roulent en Ferrari, un mélange de richesse et de pauvreté, de pleine jouissance de la société de consommation aux vestiges et vieux réflexes hérités du communisme.

À l'aéroport, l'équipe de France de natation fut accueillie avec tous les égards réservés aux chefs d'État. Le trajet en bus de l'aéroport à l'hôtel dura une quinzaine de minutes. Les routes avaient été fermées pour nous laisser passer sous escorte policière. Les Chinois incrédules attendaient sagement sur le côté, bloqués par la police. Intrigante culture chinoise.

À Dalian, la routine était toujours un peu la même. Dans la dernière ligne droite avant la compétition, les entraînements s'allégèrent. Au lieu des habituels 70 kilomètres par semaine, nous étions descendus à 30. L'objectif était de peaufiner des allures de course, affiner des rythmes, récupérer pendant les massages, tout en restant concentré sur l'objectif ultime. Il fallait aussi faire attention à sa ligne et éviter de prendre du poids vu que l'on s'entraînait moins en raison de la période d'affûtage. En effet cette préparation requiert moins de volume d'entraînement et il faut faire particulièrement attention à ne pas manger plus qu'il n'en faut. À quelques jours de plonger dans le bassin olympique, prendre deux, trois kilos aurait été rédhibitoire. Les jeux de cartes, la détente en chambre avec

Boris rythmaient mes journées. Coralie Balmy n'était jamais très loin...

La compétition faillit tourner court pour moi. Avec mes coéquipiers du relais, nous nous entraînions moins d'une semaine avant le début des épreuves, nous peaufinions les automatismes. J'étais sur un plot de départ quand j'entendis un vilain grincement. Je fus déséquilibré dans l'instant. Le plot s'était dessoudé de sa base. J'aurais pu partir en arrière et me ramasser sur le carrelage mais dans un réflexe de chat, je fis sans doute l'un des pires départs de ma carrière en tombant à l'eau comme un pantin désarticulé. J'en fus quitte pour une belle frayeur. J'avais les jambes qui tremblaient. Je mis quelques interminables minutes à retrouver mes esprits. Un avertissement sans frais pour me rappeler la fragilité des choses...

Dans notre petit coin de France, tout était millimétré, à la « chinoise ». Notre sac était toujours prêt dans la chambre, nous n'attendions pas plus de cinq minutes le bus qui nous menait à la piscine. Cette organisation au cordeau m'interpellait un peu, par rapport à notre organisation française bien moins stricte... Et à vrai dire, cela m'arrangeait bien. Nous étions des athlètes dans notre bulle, prêts pour la performance... Et lorsque nous décidions de sortir de notre hôtel pour prendre l'air, deux ou trois hommes de la sécurité veillaient au grain et nous suivaient plus ou moins discrètement.

Ce séjour en Chine m'amena immanquablement à me poser des questions sur le plan politique, alors que je n'avais pas vraiment d'engagement sur le sujet. J'avais bien entendu ma petite idée sur la question des droits de l'homme, mais que faire ? La question du Tibet était entrée dans le débat un peu plus tôt, lors du passage mouvementé de la flamme olympique à Paris. Pour défendre leurs droits et manifester leur opposition à l'organisation des Jeux à Pékin, des défenseurs de la cause tibétaine avaient décidé de perturber le parcours de la flamme. Sport et politique n'ont jamais fait bon ménage. Je me suis donc bien gardé de faire étalage de la moindre opinion. Je m'entraînais deux fois par jour depuis dix ans pour vivre mon rêve, je n'avais pas d'états d'âme. Les valeurs de l'olympisme envers et contre tout. Partage, dépassement de soi. C'était un privilège de représenter mon pays. La vie d'un sportif de haut niveau se conjugue souvent sur le mode de l'individualisme mais le contexte olympique transcendait un peu tout cela.

Le président Nicolas Sarkozy nous rendit visite dans le village olympique. Son discours fut axé sur l'universalité des Jeux, l'opportunité pour tous les pays de participer à cette rencontre multiculturelle mondiale… Au moment de la campagne électorale de 2007, Ségolène Royal, elle, avait évoqué l'hypothèse de boycotter les JO de Pékin. Comme vous pouvez vous en douter, je n'ai pas voté pour la candidate socialiste, trop impatient et excité à l'idée de disputer mes premiers Jeux. Avec sa proposition, elle ne s'est pas fait beaucoup d'amis dans le monde du sport.

En revanche, dans mon après-carrière, je me suis dirigé vers le terrain social et politique. J'ai apporté mon soutien à des associations, j'ai défendu des idées. Lorsque ma carrière était à son apogée, tout cela était incompatible. Aujourd'hui, c'est devenu plus facile avec les réseaux sociaux, notamment. Et mon esprit n'est surtout plus accaparé par la recherche de l'excellence sportive.

Et ce fut enfin l'arrivée à Pékin, un peu plus d'une semaine avant notre entrée en lice. Pour les JO, la capitale s'était fait une beauté afin de présenter son plus beau visage au monde entier, une ville verte et propre, avec des arbres splendides et plus aucun SDF dans les rues. J'étais venu un an plus tôt et le contraste était saisissant.

J'étais heureux et serein à Pékin. Avec Boris Steimetz et Denis Auguin, mon entraîneur, nous prenions nos marques entre le village olympique et le Watercube, l'impressionnante piscine. Je sentais de bonnes ondes. J'étais en grande forme, en possession de tous mes moyens, sans aucun pépin physique. Je ne me voyais pas repartir déçu de ces JO. Si je devais être battu par plus fort, je l'accepterais, mais j'étais déterminé à me battre. Je comptais bien monter en puissance jusqu'à mon entrée en scène dans le grand bain.

Au village olympique, nous étions logés dans des mini-appartements de 2, 3 chambres, où l'on était de 4 à 6 nageurs. La veille de l'ouverture des Jeux, nous étions tous euphoriques, passant d'un « appart » à l'autre, et puis on finit par croiser Denis Auguin. « Boris, Alain, vous n'êtes pas là pour faire la fête, ne perdez pas d'énergie », nous a-t-il lancé sur un ton protecteur. Il n'était pas question pour lui de nous fliquer, juste de nous maintenir concentrés, d'autant que nous n'avions rien fait de répréhensible. Il n'y avait pas eu de cachoteries, mais il avait tenu à nous rappeler à l'ordre. Sur le moment, nous fûmes un peu déçus de ne pas pouvoir plus en profiter, mais nous l'avons vite accepté, sans broncher.

La cérémonie d'ouverture du 08/08/08, je ne l'ai vécue qu'à la télévision, dans ma chambre du village olympique. Un événement bien trop chronophage car pour défiler dans le nid d'oiseau, il fallait se libérer de 14 heures à minuit. Notre relais 4 x 100 mètres nageant le lendemain, le staff nous a fortement déconseillé d'y participer.

Nous avons suivi la cérémonie avec Hugues Duboscq, Boris Steimetz et quelques filles dont Coralie, mais sans les Marseillais du relais (Bousquet, Gilot et Mallet). Et pour tout vous dire, être porte-drapeau n'a jamais été crucial à mes yeux. En 2012, après mon sacre de 2008, la question aurait pu se poser, mais avec la contrainte du relais 4 x 100 le lendemain de la cérémonie, je n'ai jamais eu de regrets à ce sujet.

La dernière nuit précédant les séries du relais 4 x 100 mètres, je n'ai pas ressenti de stress particulier… Il faut dire que je ne nageais pas les séries. Fabien Gilot et moi, les deux meilleurs sprinteurs français, nous en avions été dispensés. Mais nous avons suivi nos coéquipiers au Watercube jusqu'à l'échauffement.

Nous étions six dans ce relais même si seulement quatre d'entre nous participaient à chaque course (Gilot, Bousquet, Mallet, Leveaux, Steimetz et moi). À mon sens, nous n'étions pas assez soudés et je le regrettais. En revanche, focalisé sur l'objectif, dans l'instant, je ne m'attardais pas sur une quelconque rivalité entre certains membres du relais et moi-même. Certains avaient besoin d'aller discuter avec des handballeurs, d'autres sportifs, alors que pour ma part, j'étais un peu plus refermé, focalisé sur l'objectif d'une vie. Vraiment dommage de ne pas avoir partagé plus de complicité avec mes camarades de relais.

Il n'y a pas eu de « prises de bec » avec les Marseillais. J'avoue quand même avoir eu plus de facilités à discuter avec Mallet qu'avec Gilot et Bousquet. Nous n'avions pas de vrais sujets de discussion en commun. De leur côté, ça parlait un peu drague, de filles, alors que, moi, j'étais en couple avec Coralie, mais nous restions discrets sur notre relation. Nous étions amoureux, et je passais une partie de mon temps libre avec elle, et non avec eux. Est-ce moi qui me suis exclu de leur groupe, ou eux qui ne se sont pas intégrés ? Impossible de le dire, et cela convenait à chacun d'entre nous.

Le 10 août, pour l'entrée dans la compétition, Mallet, Steimetz, Leveaux et Bousquet ont nagé magnifiquement bien, en battant le record d'Europe. Avec Fabien Gilot, nous les avons supportés en tribune, avant de rentrer directement à l'hôtel. À ce moment-là, j'étais le meilleur performeur du relais, j'étais recordman du monde. Fabien Gilot, lui, avait plus de mal à s'exprimer en individuel mais était un redoutable compétiteur dans les relais. Fabien avait un an de moins que moi. Plus jeune, il nageait beaucoup plus vite que moi. Son palmarès était déjà conséquent : médaillé de bronze aux Mondiaux 2003 sur 4 x 100 mètres à Barcelone et 7e du relais des JO d'Athènes avec Bousquet. Avec Fabien, en tête à tête, cela s'est toujours super bien passé. En revanche, il a pu y avoir parfois cette mauvaise dynamique de groupe sur le mode « Marseille et les autres », mais je n'avais pas envie de me polluer l'esprit avec ça, en tout cas pas avant notre rendez-vous olympique. Positif avant tout pour mettre nos chances du bon côté.

Nous avons retrouvé nos quatre coéquipiers nouveaux recordmans d'Europe au village olympique, notamment Amaury Leveaux et Fred Bousquet avec qui nous nagerions la finale. C'est alors que se produit un quiproquo révélateur avec la DTN (Direction technique nationale). À nos yeux, l'ordre du relais était évident. Amaury devait démarrer, je serais le second relayeur, Fabien Gilot le troisième, et Fred Bousquet en finisseur… Partir en dernier alors que j'étais le plus rapide sur le papier, ce n'était pas une bonne idée. Fred avait plus d'expérience que moi. Il avait huit années de relais en bleu à son actif. Il avait cette culture du relais à l'américaine que j'étais loin de partager. Il s'agissait de ma première course olympique en bleu et une finale s'annonçait…

Au village olympique, tout semblait clair, nous n'avons même pas discuté de l'ordre du relais avec le staff. Le matin de la finale, le 11 août, nous avons fait notre petit échauffement dans le bassin d'entraînement, chacun de notre côté, comme le voulait la coutume. Le cadre technique de la fédération en charge des relais est allé déposer l'ordre de départ auprès des officiels et vint nous voir dans la foulée : « Amaury en 1, Fabien en 2, Fred en 3, et Alain qui termine. »

Nous étions estomaqués, mis devant le fait accompli. Il était inutile de polémiquer. Nous n'avions plus le pouvoir de changer quoi que ce soit une heure et demie avant la course que nous préparions depuis des mois. Je n'avais d'autre choix que d'assumer la responsabilité de conclure, pour ma première aux JO… sans avoir participé aux séries pour prendre mes marques.

Si l'on rationalisait un peu, toutes les chances étaient de notre côté. Nous avions fini les séries à deux centièmes des Américains, mais sur le papier, nous avions les meilleurs temps. J'avais nagé en 47"5 (record du monde), Fabien Gilot naviguait autour de 47"8, Fred Bousquet 48", et Amaury Leveaux autour des 48"1… Jamais, dans l'histoire du relais tricolore, la France n'avait eu quatre nageurs en dessous de 48"5 !

Mais si l'on analysait de façon un peu plus fine, l'ordre des départs n'était pas optimal. Je nageais plus vite que mes coéquipiers, grâce à une vitesse de base très élevée et un départ ultrarapide. Je partais toujours très vite sur les premiers 50, mais logiquement, je ressentais énormément de fatigue sur les 15 derniers mètres. Ma stratégie était simple : creuser l'écart sur la première longueur. Mais j'étais admiratif de leurs points forts, à l'image d'Amaury qui avait un départ exceptionnel, avec ses coulées et des ondulations sous l'eau magnifiques. Chez Fabien prédominait cette capacité à entretenir la vitesse dans un relais. Avec cet élan, sa facilité à anticiper ses prises de relais, à garder cette vitesse, il était impressionnant. Fred Bousquet avait, lui, une coulée et une reprise de nage d'enfer, une belle vitesse de déplacement dégageant beaucoup de puissance… Il était en équipe de France depuis ses dix-huit ans, et à Pékin, il en avait vingt-sept. Du haut de sa maturité, il était prêt à déplacer des montagnes.

À une heure et demie de la course, ce loupé stratégique avec la DTN ne nous a pas déstabilisés plus que cela. Au contraire, il nous a peut-être procuré un petit supplément d'âme. Nous étions impatients d'en découdre, enivrés par la fièvre olympique. Les petits problèmes de cuisine interne, nous devions les torpiller, comme nous devions « écraser » la concurrence, les Américains comme les autres.

Dans la chambre d'appel, entre toutes les délégations, il régnait une énorme tension. Imaginez trente-deux nageurs surmotivés dans une petite pièce, avec chacun sa dose de testostérone… Nous n'avions jamais autant été soudés les uns aux autres. Il n'y avait plus de Marseillais, d'Antibois ou autre qui tenait. Les « checks » se sont enchaînés jusqu'à ce que nous prenions place devant les plots de départ, ligne d'eau numéro cinq. Et c'est avec une grande sérénité que nous avons laissé Amaury Leveaux prendre place sur le plot.

Et ce fut une course d'anthologie, avec des stars et des performances stratosphériques à toutes les lignes d'eau ou presque. Sans être exceptionnel, Amaury réitéra sa performance des séries et transmit le relais en quatrième position derrière le grandissime Michael Phelps, deuxième, et l'Australien, Eamon Sullivan, qui battit mon record du monde (47"5) sur le premier 100 en 47"24… Derrière le plot, je me dis que nous étions définitivement sur une autre planète, celle des JO. J'étais un peu sous le choc, il faut l'avouer, mais je n'ai pas eu le temps de gamberger. Fabien Gilot fit un superbe relais, le meilleur temps qu'il n'ait jamais réalisé pour nous propulser de la 4e à la 2e place, quasi au coude à coude avec les Américains, leaders… Puis Fred Bousquet réalisa une course fantastique en claquant un 46"67.

Lorsque je pris le relais, Fred me transmit le relais en tête avec 59 centièmes d'avance. Au moment de m'élancer, j'étais pris par l'euphorie olympique, avec l'impression de me revoir huit ans plus tôt devant ma télé, regardant le relais des JO 2000 de Sydney, avec cette course mémorable qui opposa l'Australie et les États-Unis, avec toutes les stars de la natation de l'époque… J'avais dix-sept ans, je commençais à nager deux fois par jour, je les regardais avec les yeux d'un gamin et là, j'étais acteur, au cœur de l'arène. J'étais en train de jouer un moment-clé de mon sport, de ma vie et de mon pays.

Je partis très vite sur la première longueur : 21"27, en battant le record du monde du 50 (21"28), mais avec départ lancé évidemment. Ce ne serait pas enregistré dans les tablettes mais ça donnait une indication du niveau de performance. Au virage, je me retrouvai en tête avec 82 centièmes d'avance. À cette vitesse, cela représentait plus d'un mètre soixante. Il ne pouvait rien m'arriver. Nous allions être champions olympiques. Mais sans m'en apercevoir, je me suis collé à la ligne d'eau, du côté des Américains. Sur le retour, je respirais du côté droit, une fois tous les quatre temps, comme le dernier relayeur américain, Jason Lesak. Il m'avait donc dans son champ de vision alors que je lui tournais le dos lorsque je respirais. J'étais à fond dans ma course et j'ai commencé à tétaniser à 15, 20 mètres du but. Et sans m'en rendre compte, je lui ai donné ma vague. Il avait donc un peu moins d'efforts à fournir, comme une Formule 1 se laissant aspirer par le véhicule de devant. Je me suis trop crispé après avoir été trop rapide sur les 50 premiers mètres, sur lesquels j'ai perdu beaucoup plus d'énergie que mon adversaire. Et malheureusement, Jason Lesak a finalement touché le mur avant moi, offrant la victoire à l'équipe américaine avec huit centièmes d'avance !

Lors des derniers mètres, je m'étais aperçu qu'il revenait vite, mais avec mon avance, je ne pouvais imaginer pareil dénouement. Je ne pouvais pas y croire. Nous n'étions pas champions olympiques ! Les 10, 15 derniers mètres m'avaient coûté si cher, les plus durs du 100 mètres, là où l'acide lactique se fait sentir, un moment où l'oxygène se fait de plus en plus rare dans nos muscles, une sensation qui se matérialise par des décharges électriques et une perte de lucidité.

À ce moment-là, tout le poids du monde m'est tombé sur les épaules. La responsabilité de cet échec, de ce scénario cruel, je la pris pour moi. Nous n'étions que vice-champions olympiques. Encore dans l'eau, je vis mes trois coéquipiers hyper déçus, sans aucune notion du temps que j'avais pu réaliser. En sortant de l'eau, mes camarades sont venus me taper dans les mains. Fred Bousquet a tenté de me remonter le moral : « Allez, Alain, ce n'est pas grave… » Mais j'étais sous le choc, inconsolable.

Les interviews au bord du bassin, je les ai abrégées au maximum. Je me suis précipité dans les toilettes pour vomir mes tripes, comme une forme de rejet par rapport à l'échec. Il fallait que j'évacue. Puis j'ai retrouvé mon entraîneur Denis Auguin qui m'a donné mon temps : 46"73. Une performance de très haut niveau, un chrono plus rapide en équivalence de mon record du monde (47"5). Sur le moment, cela m'a soulagé un peu, j'ai relativisé le poids de l'échec. Je venais sans doute de nager dans le meilleur temps de ma vie. Que me reprocher ? J'ai demandé à Denis : « Mais en combien a nagé Lesak ? » Sa réponse m'a soufflé. « 46"06 ! » À l'heure où je rédige ces lignes, ce chrono est toujours le meilleur temps jamais établi sur un aller-retour treize ans plus tard ! Une performance hors normes difficile à appréhender lorsqu'on se donne à fond depuis dix ans pour un tel événement. Que la compétition peut être belle et cruelle à la fois ! Mais il fallait transcender la déception. Un programme de titan m'attendait avec le 50 mètres et le 100 mètres nage libre, puis le relais 4 x 100 mètres 4 nages.

Avec le recul, si je pouvais réécrire l'histoire, peut-être aurais-je dû faire le premier 50 mètres moins vite, poser ma nage et moins m'emballer, ne pas me coller à la ligne sur la première longueur et surtout les derniers 25 mètres... Mieux maîtriser mon allonge, ma fréquence, autant d'éléments dont j'ai tenu compte pour le 100 mètres individuel quelques jours plus tard. Le changement d'ordre des relayeurs dans le relais a-t-il joué un rôle dans cet échec ? Peut-être mais il était inutile de s'appesantir sur cette question avant de monter sur le podium, avec un sentiment mitigé.

Fred Bousquet nous l'a répété plusieurs fois : « Ne faites pas la gueule ! » Amaury, Fabien et moi nous étions tellement pris à rêver. Quelle déception d'entendre l'hymne américain au lieu de la Marseillaise...

Puis ce fut le protocole de récupération. Nous avons tendu nos médailles d'argent aux gens du staff pour nager entre 20 et 30 minutes. Il fallait réactiver la circulation sanguine, avant de passer dans les mains des kinés pour un massage amplement mérité. Chacun a repris sa petite routine. Ce n'est que bien plus tard que l'on se rendra compte de notre performance. Deux équipes ont nagé quatre secondes en dessous du record du monde, et je n'ai aucun doute sur la performance du relais américain. En revanche, de la suspicion, j'en aurai plus tard pour d'autres nageurs…

De retour au village olympique, je suis allé nager l'après-midi. J'étais certes debout depuis 6 heures 30, mais il fallait bien respecter les protocoles d'entraînement. Je ne le vis pas comme un exutoire, une manière de passer mes nerfs. Et dans ces longueurs de bassin tout en souplesse, j'ai vraiment commencé à relativiser. Nous étions tout de même vice-champions olympiques, nous avions tout simplement été battus par plus forts que nous et j'avais claqué un 46"73 prometteur pour les courses individuelles à venir.

Le soir, lors du débriefing, Denis Auguin m'a remonté le moral : « Tu n'as pas à rougir de ta prestation. Les huit centièmes de retard, ce n'est pas que de ta faute. » Amaury Leveaux avait nagé 47"76 en séries et 47"91 en finale. Il en était autant responsable que Fabien, Fred et moi. Nous vivions ensemble, nous perdions ensemble. Et en bon meneur d'hommes, Denis insista encore et encore sur mon chrono : « 46"73, tu ne l'as jamais fait. Maintenant, on se projette et on va de l'avant. » Je me suis couché l'esprit un peu plus léger. Les Jeux étaient loin d'être terminés.

Avant de basculer sur le 100 mètres nage libre, j'ai repensé à mes échanges avec Virginie Dedieu, la triple championne du monde de natation synchronisée. Nous nous étions rencontrés à la préfecture des Bouches-du-Rhône en 2004, lors d'une remise de trophées. Virginie était récompensée par le département pour ses performances : championne du monde de natation synchronisée en 2003 et médaillée de bronze à Sydney lors des JO 2000. Moi, je ne lui arrivais pas à la cheville et ce jour-là, nous avons sympathisé. J'avais vingt ans et elle m'impressionnait. Les années qui suivirent, elle ne fut pas avare en conseils. Elle fit office de coach mental informel. Le moment où j'ai vraiment senti l'efficacité de son aide, ce fut autour des Championnats du monde de Melbourne en mars 2007, année où elle prit sa retraite sportive.

Cela correspondit à mon entrée sur la scène internationale, disputant mes premiers Mondiaux en Australie.

Nous nous appelions régulièrement. Virginie me donnait des conseils dans ma préparation physique, et surtout me soutenait moralement. Je la revois me dire : « Si ton premier objectif n'est pas atteint, ce n'est pas grave. Apprends à mieux gérer tes émotions. » Elle me tenait peu ou prou le même discours que Denis Auguin, mais c'était bien de l'entendre d'une autre bouche.

Je me suis senti tout de suite en confiance avec elle, une femme magnifique, avec la tête bien sur les épaules, humble, accessible et réconfortante.

Je me souviens d'un après-midi où je partais à l'entraînement, alors que j'étais assez fatigué physiquement et nerveusement. J'avais besoin de lui parler. Elle avait su trouver les mots justes, une fois de plus : « Tu as du mal à y voir clair, continue de rester concentré sur ton objectif et pense à l'objectif final. » Le sprint est une discipline ingrate qui demande un énorme investissement physique mais que dire de sa discipline, la natation synchronisée, qui allie une exigence physique extrême à l'artistique : construire une chorégraphie de 3, 4 minutes sur une musique et reproduire les mouvements à l'infini tant que ce n'est pas parfait, deux fois quatre heures par jour… Cela force le respect.

Deux jours après la déception du relais, je me sentais bien physiquement, en pleine possession de mes moyens. Serein, pas stressé, j'avais évacué sans ressentir le besoin d'en reparler avec mes cinq coéquipiers. C'était peut-être un peu égoïste de ma part, mais je n'avais aucun état d'âme. Je pourrais appeler cela le bon côté de l'individualisme exigé par le haut niveau. Je pensais à moi et à rien d'autre, rempli d'un vrai détachement pour arriver dans les meilleures dispositions sur la demi-finale du 100 mètres. Les séries avaient été une formalité. J'avais réalisé le quatrième temps de tous les participants derrière Eamon Sullivan, Stephan Nystrand et Brent Hayden.

En demi-finale, je me suis retrouvé à ma ligne d'eau favorite, la cinq. Et j'ai frappé un grand coup. J'ai amélioré le record du monde subtilisé par Eamon Sullivan lors de la finale du relais. Mon temps : 47"20 soit quatre petits centièmes de moins. Normalement, après un tel chrono, tu exultes, mais je n'exprimai pas ma joie au-delà du raisonnable. Ce n'était qu'une étape de plus, une coulée de plus sur le chemin me menant vers la finale… Et avec le recul, j'ai eu raison de le gérer de cette manière, sinon l'ascenseur émotionnel aurait été plus dur à encaisser. Alors que je répondais aux questions des journalistes, je vis derrière moi le temps de Sullivan dans la demi-finale suivante. 47"05 ! Mon record du monde n'avait tenu que quelques minutes, mais je ne m'affolai pas. Je savais que les compteurs seraient remis à zéro en finale.

Le lendemain, jour de finale, j'ai tout fait pour rester dans mes routines et garder ma concentration intacte. En sortant de l'échauffement (20 minutes dans l'eau), juste avant de rentrer dans la chambre d'appel, Denis Auguin m'a pris à part. En perfectionniste, il avait longuement analysé la dernière course de mon principal adversaire, Eamon Sullivan. Sûr de son fait, il m'a dit : « Sur les 25 derniers mètres, tu es meilleur que lui. Tu peux être deux à trois dixièmes plus rapide sur la dernière ligne droite. Si tu passes aux 75 mètres sans avoir consommé toute ton énergie, tu as toutes les chances de toucher avant lui. Ne sois pas crispé sur les 75 premiers mètres, ne te bousille pas avant les 25 derniers mètres. Reste au contact et ne te fais pas déborder. » Ce fut un *boost* de confiance fondamental ! Et il a poursuivi par deux ou trois autres consignes : « Pense à ta cadence, à bien poser ta nage, à ta rotation dans le virage pour avoir le maximum de vitesse... » Dans un geste dont je ne suis pas coutumier, je l'ai arrêté en lui posant la main sur l'épaule. Je lui ai glissé à l'oreille : « Ne t'inquiète pas, je sais faire. Regarde bien, tu vas te régaler. »

Dans la chambre d'appel, je sentis une atmosphère tendue à l'extrême, électrique. C'était une pièce d'une quarantaine de mètres carrés où les huit finalistes devaient patienter dix bonnes minutes, chacun sur sa petite chaise. On se croisait du regard les uns les autres, les lunettes encore sur le front. Je fus sans doute le seul à fixer chacun de mes concurrents droit dans les yeux, non pour leur dire que j'étais le plus fort (quoique), mais plutôt pour ressentir leur niveau de stress. J'étais bien évidemment tendu pour ma première finale olympique en individuel, mais je me sentais plus serein que mes sept compagnons de fortune.

Oui, une course se gagne ou se perd en chambre d'appel et me revint une image, celle de la force tranquille d'un Aleksandr Popov. Quand il rentrait en chambre d'appel, Popov en imposait par sa quiétude, la maîtrise de ses émotions... Autour de moi, ils étaient tous tendus et je me suis rêvé être le Popov de 2008... Quelle fierté de pouvoir m'inscrire dans la lignée de ces grands champions !

Et il y avait du beau monde autour de moi. Eamon Sullivan n'était pas mon seul adversaire. Comment ne pas citer le Brésilien César Cielo et surtout Jason Lesak, notre bourreau du relais qui avait une grosse expérience des Jeux. Et puis il y avait le légendaire VDH, Pieter van den Hoogenband, certes en fin de carrière, mais l'un des plus grands nageurs de l'Histoire. Je l'avais admiré huit ans auparavant lors de son sacre aux JO de Sidney en 2000. Il n'était plus question ici d'admiration malgré le grand respect que je pouvais avoir à son égard. Je me suis dit : « Mec, aujourd'hui, c'est toi le meilleur. » J'étais de plus le seul Français en lice, Fabien Gilot n'avait pas passé le cap des demi-finales.

Puis nous avons été appelés derrière les plots, les uns à la suite des autres, dans un cérémonial bien trop long à mon goût. J'avais hérité de ma ligne d'eau fétiche, la cinq. Le tout nouveau recordman du monde Eamon Sullivan était à la ligne quatre et c'était bien lui le favori, ce qui m'arrangeait pour le moins.

Pendant le protocole de départ, le silence devint brutal, presque effrayant. « *Take your marks.* » Et là, sur le plot de départ, je ressentis toute la pression du monde me dégringoler sur les épaules. Le stress qui n'était pas vraiment apparu dans la chambre d'appel m'a rongé d'un coup, sauvagement. Ce furent sans doute les secondes les plus longues de ma vie. Mes jambes se sont mises à trembler. « Mais ce n'est pas possible, tu ne vas pas tomber dans l'eau et être disqualifié sans nager ! » La concentration qui vacille…

Le coup de départ fut finalement donné et les automatismes reprirent le dessus. Plus de stress dans le feu de la course. Je plongeai puis ce fut un léger temps de glisse, 1-2-3-4-5-6 ondulations (des ondulations de haut en bas les jambes tendues) puis mes six premiers mouvements de bras en apnée pour bien poser ma nage. Au total, avant ma première respiration, ce fut une apnée sur 15 mètres, l'espace de cinq ou six secondes. J'étais lancé et bien lancé. Le départ n'a jamais été mon exercice de prédilection mais je ne me crispai pas et j'acceptai d'être un peu en retrait. Je n'étais pas extrêmement performant sous l'eau.

Certains sont capables de gagner sous la surface, dans les parties non nagées, alors que je construisais mes courses sur ma vitesse de déplacement. Je savais que j'allais revenir, que j'étais plus fort que mes concurrents dans la nage. Mon rythme de croisière : une respiration tous les quatre mouvements de bras.

Nous sommes arrivés rapidement au virage et j'étais au contact de Sullivan, dans son sillage, à cinq centièmes. Je l'avais dans mon champ de vision périphérique. Je pouvais le voir mais je n'ai pas perdu mon temps à le surveiller.

Entre le virage et les 75 mètres, je respirais sur ma droite alors que l'Australien nageait sur ma gauche donc je ne le vis pas ou très peu. Je pouvais sentir sa présence mais ne le voyais pas vraiment. Une situation semblable au relais quelques jours plus tôt, ce qui me permit de donner tout ce que j'avais pour aller le plus vite possible. Avoir un retard conséquent et le sentir dans la course aurait pu me crisper à un moment ou à un autre. Que je sois un peu devant, ou un peu derrière, sans en avoir conscience était une bonne chose.

Quand je me suis retrouvé dans le feu de l'action, au coude à coude avec lui aux 75 mètres, à 25 mètres de mon rêve, j'y ai cru plus fort que jamais. M'est revenue l'analyse de Denis avant la chambre d'appel. Je n'étais pas « mort », j'en avais encore un peu dans le réservoir. Ce dernier effort fut d'une violence inouïe, mais mes concurrents étaient logés à la même enseigne. Les 15 derniers mètres approchaient et je me retrouvais confronté à moi-même. Le cerveau a ses raisons que la raison ignore. Que se passa-t-il en moi ? Apparurent en quelques centièmes des flashs de ma vie, en train d'apprendre à nager, avec mes copains d'école, la famille, sur chaque mouvement, des moments de ma vie qui défilaient.

Et à aucun moment, je n'ai repensé à l'échec du relais, ce titre si proche qui nous avait échappé, sur cette même ligne d'eau du Watercube… Ces flashs ne me déstabilisèrent pas, me poussant même dans ces derniers mètres, m'offrant un surplus de détachement et de bien-être, sans perdre en lucidité. La victoire n'allait pas se jouer à grand-chose et sur les derniers mètres, je me jetai à l'abordage, allongeant mon mètre quatre-vingt-seize. La touche, difficile de m'en souvenir. Une sorte de libération où tout se mélange un peu.

Mon temps : 47"21 ! Mais j'ai surtout touché avant mon adversaire.

J'ai remporté la finale, devenant le premier Français champion olympique sur 100 mètres nage libre, la reine des distances. Il me fallut quelques secondes pour le comprendre, l'assimiler. Je serrai les poings en me tournant vers le clan français. Denis Auguin y était mais je n'arrivais pas à le distinguer, à 50 mètres dans les tribunes. Je me suis dressé pour m'asseoir sur la ligne d'eau et j'ai pointé l'index dans sa direction, au jugé, en hurlant « tu le sais ». Il fallait bien entendu comprendre « tu savais que j'allais gagner » mais j'avais encore trop peu de souffle pour prononcer autant de mots. Plus tard, en visionnant les images, je vis Sullivan dépité. Van den Hoogenband, cinquième, lui, traversa les lignes pour venir m'enlacer et me féliciter : « *Congrats, good job* », mais il y avait tellement de bruit autour de nous que je ne l'ai pas entendu.

J'ai battu VDH, je suis CHAMPION OLYMPIQUE ! Le Néerlandais a assez gagné auparavant. C'est à moi d'en profiter, mais je n'oserai jamais me comparer à lui, ce grand fauve des bassins, double champion olympique du 100 mètres en 2000 et 2004. Et tiens, si moi aussi, je faisais le doublé 100 mètres-50 mètres sur lequel je suis engagé quelques heures plus tard.

Dans la foulée, tout est allé bien trop vite, les interviews, le protocole, le podium, toutes ces années de travail, ce moment de bonheur intense, si puissant qui file à une vitesse folle. J'en conserve des flashs plus que des souvenirs précis. J'étais immensément fier et heureux mais je n'en ai pas profité pleinement. Les séries du 50 mètres avaient lieu dans l'après-midi.

La Marseillaise fut émouvante et le président de la Fédération française de natation, Francis Luyce, fit partie du protocole. Heureuse coïncidence, heureux événement, il me remit le bouquet du vainqueur en pleurs. Plus d'une heure avait passé et je n'avais toujours pas revu Denis Auguin. Entre les interviews, le cérémonial et le contrôle antidopage, le temps avait filé si vite.

« Tu es un grand malade », m'asséna-t-il lorsque nous finîmes par nous retrouver en tombant dans les bras l'un de l'autre. Je ne savais pas trop quoi dire, encore frappé par cette émotion si prenante, mais avec mon coach, mon guide, mon confident, en deux mots et deux regards, il avait compris. J'étais sur un nuage, en lévitation. Denis Auguin était-il volontairement resté en retrait, à m'attendre pour mieux me retrouver ? Je ne lui ai jamais posé la question mais cette étreinte fut un moment suspendu dans le temps, notre bonheur commun pour l'éternité.

Ce triomphe m'a permis de ressentir des émotions comparables à celles vécues le jour où la France a gagné la Coupe du monde de football 1998 face au Brésil. Gagner pour la France, bleu-blanc-rouge, il n'y avait rien de plus fort. Écrire un immense chapitre du sport français.

Et pour parachever mon bonheur, mon triomphe venait prendre place aux côtés de l'exploit de Michael Phelps qui remporta ses huit médailles d'or olympiques à Pékin, battant du même coup le record de Mark Spitz (sept médailles d'or à Munich lors des Jeux 1972). J'étais encore bien loin de ces deux monstres sacrés de l'histoire du sport mais je conclus mes Jeux pékinois avec une belle médaille de bronze sur 50 mètres… Or, argent et bronze, j'avais connu toutes les couleurs du podium, de quoi susciter autour de moi un tourbillon médiatique.

Je fus sollicité pour aller sur tous les plateaux TV. Je me retrouvai logiquement dans *Stade 2* et au bout d'une demi-journée, j'en étais déjà à une bonne quinzaine d'interviews. J'allais craquer si je poursuivais sur ce rythme. Et il restait encore plus d'une semaine avant la clôture des Jeux.

Pour échapper à ce tsunami médiatique, j'ai acheté deux billets d'avion et nous sommes partis nous détendre avec Coralie aux Maldives. Un besoin fulgurant de nous retrouver tous les deux. Ne plus parler de compétition et de sport. Mais nous avons fait les choses bien. Nous avons tout organisé afin de revenir à temps pour la cérémonie de clôture.

Ce brusque coup de projecteur, je ne l'ai pas vécu comme une agression mais parfois comme une énorme contrainte. Je ne voulais pas refuser les sollicitations pour ensuite m'entendre dire « Il a chopé la grosse tête ». Au contraire, j'avais envie de partager ma joie mais c'était impossible, déraisonnable de le faire non-stop pendant toute la deuxième semaine des JO.

À mon retour en France, il y avait du monde à l'aéroport mais pas la folie à laquelle je m'attendais. Je suis rentré chez moi à Antibes, j'ai posé mes bagages. Sans souffler, j'ai pris ma voiture pour un mini tour de France à la rencontre de mes amis. Une échappatoire, le temps de prendre des vacances et de partager cette aventure, toutes ces émotions pour le sensible que je suis, avec des gens que je n'avais pas vus depuis des mois, totalement accaparé par mes entraînements et ma quête du Graal. De passage à Toulouse et comme cela sera le cas dans d'autres villes de France, les passants que je croisais me félicitaient et me répétaient régulièrement la même chose, pleins d'affection : « Bravo, c'était génial et dans quatre ans, on remet ça hein ? »

Dans la rue, pour faire des courses, boire un verre avec des amis, tout le monde me reconnaissait, aussi bien des jeunes de mon âge, des ados, des fans de sport ou non, et même l'indispensable ménagère ! Face à tout cela, j'étais habité de sentiments contradictoires : gêné mais flatté également, et c'est encore le cas aujourd'hui. Les messages positifs me plaisaient mais le type qui t'attrape l'épaule en mode meilleur pote comme si on se connaissait depuis dix ans, j'ai un peu de mal…

Cette soudaine notoriété auprès des filles me paraissait aussi un peu suspecte et superficielle. Plein de filles voulaient des photos avec moi et m'invitaient à boire des verres, mais tout cela me passait au-dessus de la tête. J'étais amoureux de Coralie et je ne voyais qu'elle.

À dix-huit, vingt ans, je n'avais pas confiance en moi face aux femmes, cela m'aurait plu de vivre ce genre d'expérience. Plus tard, j'étais à même de faire la part des choses entre les filles intéressées uniquement par ma célébrité et celles qui s'intéressaient réellement à moi, question de feeling.

Dans un autre registre, durant cette période de très forte notoriété, les sollicitations venaient de toutes parts. Des portes s'ouvraient, même les plus inattendues. En décembre 2008, je fus invité à *Sacrée Soirée*, l'émission culte des années 1990 présentée par Jean-Pierre Foucault ! Oui, moi, Alain Bernard, le gamin d'Aubagne, j'allais participer aux côtés du gratin médiatico-people parisien à la célèbre émission du mercredi soir, une spéciale *Sacrée Soirée* avant les fêtes de Noël.

Un poil gêné aux entournures, je ne me sentais pas tout à fait à ma place même si j'étais heureux de faire de belles rencontres. Le festival de célébrités croisées démarra par Line Renaud que je rencontrai dans les loges. « Mais je suis si fière de toi », me déclare-t-elle de sa voix pleine de gouaille. Comme de coutume dans l'émission, en tant qu'invité, j'eus droit à ma surprise mise en place par la production, avec la complicité de mon entourage. Et ma surprise s'appelait… Roselyne Bachelot ! À l'époque ministre de la Santé et des Sports, elle arriva avec son lot de cadeaux, bizarrement d'abord avec une paire de Crocs, semblable à celles que portent les aides-soignantes à l'hôpital. En direct, je me montrai un peu surpris. « Mais non ton cadeau, ce n'est pas ça », plaisante-t-elle. « Je sais que tu es passionné d'aéronautique et j'en ai parlé avec mon ami ministre de la Défense, Hervé Morin, qui a donné son aval. Tu vas pouvoir voler avec la Patrouille de France ! » J'en eus des frissons et m'imaginai déjà réaliser mon rêve de gosse. En même temps, elle me remit un livre sur la Patrouille de France… Je n'avais pas d'avis politique sur Mme Bachelot, mais après cet inestimable cadeau, j'eus envie de l'embrasser pour la remercier. Pour bien comprendre, voler à bord d'un Alpha Jet est exclusivement réservé aux militaires de carrière. Les civils acceptés sont rares.

Dans les loges, après l'émission, je croisai aussi Marc Lavoine et Gérard Darmon, acteurs en promo du film *Le Cœur des hommes* qui venait de sortir. J'appréciais beaucoup le chanteur et je le lui ai dit. En toute simplicité, l'homme aux yeux revolver m'a lancé : « Mais non, c'est moi qui suis fan de toi. Tu es extraordinaire. Trop heureux de te rencontrer ! »

Le temps passant, les sollicitations se sont poursuivies et j'ai retrouvé à nouveau Jean-Pierre Foucault dans *Qui veut gagner des millions ?*. Je fus associé à Liane Foly dans une émission où nous jouions pour une association caritative. Tout cela avait un sens, j'étais prêt à mettre ma notoriété naissante au profit d'une bonne cause.

Durant la même période, Bernard Laporte, alors secrétaire d'État chargé des Sports, m'appela avec une demande bien précise. « Alain, j'ai besoin de toi pour inaugurer une piscine à Sablé-sur-Sarthe. » Je lui donnai mon accord sur le principe mais ce ne fut pas de tout repos.

Le jour J, François Fillon, alors Premier ministre, était évidemment présent sur ses terres. Roselyne Bachelot était encore là. Devais-je y voir une forme de récupération politique autour de mon sacre olympique ? Oui, sûrement. À ce moment-là, j'étais encore un peu naïf vis-à-vis de ces enjeux politico-sportifs. J'ai surtout profité de cette opportunité pour rendre visite à ma marraine qui partageait certaines de ses journées dans des associations locales, avec une certaine… Pénélope Fillon !

Pas vraiment férue de protocole et de politique, Coralie m'accompagna mais sa gêne me mit mal à l'aise tout au long de notre déplacement. Invitée au déjeuner avec Fillon et Bachelot, elle préféra retrouver ma marraine en toute simplicité.

Choyé, assis à côté de Roselyne Bachelot, en face de François Fillon, je découvris ces déjeuners politiques où chacun reste à sa place dans des attitudes un peu guindées… Tout ce gratin pour une piscine lambda au fin fond de la Sarthe, et dans une petite commune de 12 000 habitants, je me dis que l'inégalité territoriale n'était pas un leurre, mais bien une réalité.

Aujourd'hui, je suis très sensible à ces évènements et me rends compte que sans volonté politique, les infrastructures sportives ne peuvent voir le jour. J'ai découvert cet univers à un moment donné de ma vie, mais mes objectifs et mon mode de vie étaient loin des réalités. Lorsque nous, sportifs de haut niveau, sommes en activité, nous sommes dorlotés et tout s'organise autour de nous. Il est fondamental de se préparer à sa fin de carrière et à être autonome. Cela peut sembler évident mais beaucoup de sportifs de très haut niveau se trouvent désorientés à l'issue de leur carrière.

Chapitre II

L'eau comme moyen d'expression

J'ai appris à nager dans une piscine « Tournesol », ces piscines aux allures de soucoupe volante, de champignon ou de tournesol (c'est au choix) qui fleurirent en France à la fin des années 1970. D'où mon attachement aux piscines de proximité. Rien ne me prédestinait à une telle carrière et j'étais à des années-lumière d'imaginer que cette piscine « Tournesol », la piscine de mon quartier du Charrel d'Aubagne, deviendrait un jour la piscine « Alain-Bernard ».

Je suis et resterai attaché à vie à cette piscine qui ancre mon parcours. Située à un kilomètre à vol d'oiseau de chez moi, elle est tout aussi importante que l'école où j'ai appris à lire et à écrire, un lieu de développement du corps comme de l'esprit. Le rôle de mes éducateurs y fut tout à fait remarquable.

Je suis toujours resté attaché à ma région. Après mon enfance à Aubagne, j'ai rejoint le Cercle des Nageurs de Marseille puis Antibes… jamais plus loin. Et la région m'a su gré de cet attachement. Aubagne m'a célébré en héros après les JO de Pékin. Il y avait dans la ville des dizaines de panneaux à ma gloire, des photos un peu partout. Et je me revis tout timide à l'adolescence, complexé, à raser les murs, à tenter de faire disparaître ma grande carcasse. Tout ce battage autour de moi était donc un surprenant tour du destin.

Le 18 octobre 2008, j'ai été accueilli en grande pompe dans la piscine de mon enfance. C'est ce jour-là qu'elle fut rebaptisée à mon nom. Pour être précis : *Oasis du Charrel, piscine Alain Bernard.* Je n'étais pas dupe non plus : pour le maire, c'était un joli coup de pub et une gentille petite récupération politique. S'approprier les performances de l'enfant du coin ne pouvait pas faire de mal…

Tous les enfants portaient un bonnet jaune (or) en référence à ma médaille, et un tee-shirt rose flashy. Il devait bien y avoir entre 200 et 300 bambins, là où tout avait commencé pour moi. Et mon caractère très sensible de me jouer encore quelques tours… Alors que je commençais à être un peu rodé au jeu médiatique et populaire, je fus profondément ému par l'accueil d'une chaleur incroyable. Mes longues jambes flageolaient, je n'en menais pas large. Quand je revois la vidéo de la cérémonie encore aujourd'hui, en grand sentimental, cela me marque toujours, m'arrache quelques larmes.

Mes parents étaient présents bien entendu, tout comme ma sœur Sandrine, maître-nageur dans la piscine à l'époque et encore aujourd'hui.

Partout il y avait des visages rayonnants. J'avais tellement envie de prendre du temps pour discuter avec toutes ces personnes et notamment Émile Bonifay, l'un de mes premiers entraîneurs. Je suis sorti de cette journée enchanté et déçu à la fois, n'ayant pas eu suffisamment de temps pour savourer avec ceux qui avaient tant fait pour moi. Trop d'émotions et de sollicitations en si peu de temps. Le protocole, les dédicaces et les journalistes, le tourbillon m'a fait tourner la tête. J'ai parlé avec un peu tout le monde et personne à la fois. Malgré la bienveillance et une telle organisation, j'ai malheureusement ressenti un peu de frustration de ne pas pouvoir profiter de mes proches autant que je l'espérais. Ce fut aussi un début de prise de conscience : la notoriété pourrait être un obstacle aux relations simples et vraies si je ne restais pas vigilant.

J'ai appris à nager et me suis inscrit au club de natation pour suivre la ligne (d'eau) tracée par mes deux sœurs, Sandrine mon aînée de neuf ans, et Christine la deuxième de la famille, six ans plus âgée que moi. Elles faisaient de la compétition et s'entraînaient trois à quatre fois par semaine dans le club d'Aubagne natation. Du sérieux… Pour ma part, mes débuts furent plus modestes. Le petit Alain commença par un unique passage hebdomadaire dans la piscine, accompagné par ma grand-mère Jeanine.

À Aubagne, c'est ce bon Jacky qui m'a appris à nager quand j'avais quatre ou cinq ans. Maître-nageur, Jacky avait la personnalité parfaite pour le rôle, hyper pédagogue et bienveillant. Le crâne dégarni, les cheveux grisonnants, il avait aussi appris à nager à mes sœurs. J'avais une totale confiance en lui.

Dans la piscine, il y avait un côté où l'on avait pied et l'autre non… Et alors que je ne savais pas encore nager, pour prouver que j'étais courageux, j'allais dans le grand bassin, accroché au mur, en terrain inconnu, alors que je pouvais me noyer si je lâchais prise. Je voulais déjà démontrer à mon maître-nageur à quel point il pouvait être fier de moi. Tout au long de ma carrière, j'ai voulu expérimenter pour me prouver de quoi j'étais capable. Et le souvenir de ce grand bassin que je traversais en téméraire pitchoune est toujours aussi vivace dans mon esprit.

La vie est parfois bien faite car je suis tombé sur Jacky par hasard, ma carrière internationale achevée. J'avais rendez-vous à La Ciotat avec le maire de la ville pour un projet de construction de piscine. Et j'ai croisé Jacky dans la rue, ce formidable éducateur, juste avant mon entretien. J'avais arrêté de nager à vingt-neuf ans et un quart de siècle après mes débuts de minot dans la piscine Tournesol, je le recroisais. Il n'avait rien manqué de toutes les péripéties de ma carrière.

Nous ne sommes pas tombés dans les bras l'un de l'autre et pourtant, il y avait de l'émotion. Nous avons échangé quelques mots pleins de respect mutuel. Je lui serai reconnaissant toute ma vie pour son apprentissage et sa patience.

À vrai dire, je n'étais pas un enfant très doué dans l'eau. Les nombreux exercices d'initiation me donnaient du fil à retordre. Mais je m'accrochais. Mettre la tête sous l'eau pour aller chercher un objet au fond de la piscine fut une épreuve difficile à surmonter. Je ne me sentais pas aussi à l'aise que mes copains. Mais Jacky ne m'a jamais laissé tomber, jamais mis à l'écart.

Quand je barbotais encore, mes sœurs nageaient, elles, en compétition. Pour leur âge, elles étaient assez grandes. Sandrine était plus grande que Christine, mais moins douée. À douze, treize ans, Christine signa le deuxième chrono national sur 50 mètres nage libre. Mais elle n'a pas persévéré et a laissé tomber la natation pour passer un CAP coiffure et quitter le cocon familial la première.

Elle et moi, nous dormions dans la même chambre alors que nous avions deux caractères totalement opposés. Elle, bordélique, et moi très organisé, limite maniaque. La cohabitation fut parfois un peu rock'n'roll. Que faisais-je, petit garçon, dans la même chambre qu'une jeune fille en pleine adolescence ? L'appartement familial n'était pas bien grand et nous ne disposions que de trois chambres. Mes parents avaient décidé de séparer leurs deux filles qui se chamaillaient plus que de raison.

Chez les Bernard, on n'a jamais été les plus bavards du monde, on a toujours été très pudiques, sans trop savoir exprimer ses sentiments. Avec le temps, j'ai appris à plus me livrer. Mes relations sentimentales m'ont bien aidé en la matière. Verbaliser, je le fais désormais volontiers avec ma femme. Au moment du décès de mon père, en 2014, j'ai aussi appris à extérioriser un peu plus mes sentiments.

Quand je suis devenu champion olympique, je n'ai guère eu de mots ou de gestes forts de la part de mes parents. Nous étions des spécialistes de la lecture entre les lignes. Je mentirais si je disais que cela me convenait parfaitement mais nous avions toujours vécu de la sorte, titre olympique ou pas.

La personne qui m'a vraiment appris à extérioriser, c'est Denis Auguin, à qui je me suis beaucoup confié. Lui aussi a eu des parents peu expressifs et il en a retenu la leçon, montrant avec force ses sentiments à ses enfants. J'ai beaucoup d'admiration pour mes parents, mais le jour où je deviendrai père, je saurai leur dire, avec des mots, à quel point je les aime. Avec mes parents, je n'ai jamais manqué de rien et ils ont sans doute exprimé leur amour avec leur moyen, dans une économie de mots et les sous-entendus. Mais il y avait de l'amour et de la bienveillance et c'est bien là l'essentiel.

À l'âge de six ans, mes parents m'ont pris ma première licence de natation. Si j'ai toujours respecté mon sport, c'est pour une raison bien précise : nous sommes tous égaux dans l'effort.

Dans l'eau, tu es acteur de ta performance. Tu t'exprimes à armes égales face à tes concurrents : la longueur du bassin est la même pour tous, la température également et il n'y a pas plus de matériel qu'un simple maillot, un bonnet et des lunettes. Aucune excuse, tu es seul face au chrono, un sport où tu n'es pas livré à un jury, à un jugement individuel à l'image de la gym, de la natation synchronisée ou du patinage artistique.

Entre six et dix ans, j'ai vécu la natation comme un simple loisir. Faire du sport en dehors de l'école, me retrouver avec mon cercle d'amis à la piscine m'épanouissait. Je me fis bien plus d'amis à la piscine que dans la cour de l'école. Pourtant, je ne me sentais pas toujours très à l'aise dans ma peau, avec quelques complexes sur les épaules. À quasiment tous les âges, je dépassais immanquablement mes camarades d'une tête, ce qui ne se mariait guère avec ma grande timidité. Je ne savais pas très bien où mettre mon corps.

J'observais de plus ou moins loin mes grandes sœurs qui se tiraient la bourre, qui parlaient courses, technique et chronos. J'étais envieux lorsque je les voyais partir un peu partout dans la région pour participer à des compétitions… et revenir souvent avec des médailles. C'est à leur contact que j'ai attrapé le virus, un peu avant d'entrer dans l'adolescence. Devenir le plus fort, se différencier des autres par le sport, réaliser des bons temps, se lancer des défis, au début, c'était une démarche plus ou moins ludique… Envisager une carrière de nageur de haut niveau, avec toute la discipline et les sacrifices que cela implique, apparaîtra bien plus tard, vers vingt ans.

En grandissant, moi aussi j'ai fini par participer à des compétitions et les premières performances n'ont pas tardé à arriver. Mon premier grand coup d'éclat, je l'ai réalisé à douze ans, lors d'une compétition nationale réservée aux plus jeunes, à Clermont-Ferrand. Sept médailles d'or en sept courses (50-100-400 crawl, 50-100 dos et 200-400 4 nages). Je m'étais pris pour Mark Spitz (sept titres olympiques aux JO de Munich en 1972).

La natation m'accompagnait depuis déjà six ou sept ans mais j'ai dû faire un choix. Le football m'attirait beaucoup. Vu ma grande taille et comme je n'aimais pas beaucoup courir, je me serais bien vu gardien de but. J'ai tanné ma mère pour qu'elle m'inscrive dans un club de football mais elle est restée inflexible. Une activité sportive, c'était déjà bien assez pour ma frêle carcasse. Cela m'a un peu frustré sur l'instant mais j'ai choisi la natation. Et puis l'eau me permettait d'exprimer ce que j'avais au fond de moi, bloqué par ma timidité et mes complexes, contrarié par ma grande taille et ma maigreur. J'avais du mal dans mon rapport au corps et c'était dur de passer inaperçu à quinze ans, en maillot de bain, avec mon 1,80 m et mes 72 kilos tout mouillé ! La natation m'offrait de multiples avantages : je m'exprimais sportivement, l'aventure humaine était géniale et me procurait une excitation que je ne trouvais pas au collège.

Mais le football restait une grande affaire de ma vie, à l'époque. Aubagne n'est qu'à 27 kilomètres de Marseille la cosmopolite. Au début des années 1990, l'OM de Tapie dominait le foot français et même européen. Je me souviens encore de la victoire marseillaise lors de la Ligue des champions 1993, créant un engouement incroyable à Aubagne. Et dans la région, cela klaxonnait dans tous les sens, l'impression de vivre hors du temps, dans une bulle de joie et de bonheur indescriptible.

Dans mon enfance, j'avais deux idoles : Chris Waddle et Aleksandr Popov... L'Anglais pour ses dribles fous et sa coupe de cheveux, le Russe pour son incroyable puissance et la sérénité et la classe qu'il dégageait.

En 1993, Waddle n'était déjà plus à l'OM, mais l'esprit de révolte avait porté les Marseillais au plus haut devant l'AC Milan, deux ans après avoir perdu la finale face à Belgrade, en 1991, avec un Boli pleurant toutes les larmes de son corps... En 1993, le voir hilare après son coup de tête victorieux, c'était fantastique. Seul le sport permet de prendre d'aussi éclatantes revanches. Jean-Pierre Papin avait quitté l'OM entre-temps et s'était retrouvé dans le camp milanais, toute une histoire et des souvenirs de foot pour la vie.

Après mes sept médailles d'or de Clermont-Ferrand, les choses sérieuses ont débuté. Je suis passé en mode entraînement tous les soirs de la semaine. Sandrine et Christine avaient arrêté de nager et j'étais donc le seul à maintenir la flamme familiale pour la natation. Je suis rapidement passé dans le groupe des grands, celui qui occupait les lignes d'eau trois et quatre, sous la responsabilité d'Émile Bonifay que l'on vouvoyait et respectait, le symbole de l'autorité... J'ai dû faire ma place au milieu des autres nageurs, plus âgés et plus expérimentés. Tout s'est bien passé, sans jalousie ou problèmes d'ego même si nos chamailleries avaient le don d'agacer notre entraîneur. Mes premiers résultats parlaient pour moi et dans le club, on me soupçonnait un potentiel que j'étais bien loin d'appréhender.

À vrai dire, j'étais encore aux prises avec mes complexes mais j'ai commencé à comprendre la grande relativité de ces choses-là. Mes compagnons d'entraînement avaient aussi leurs interrogations : trop petits, pas assez musclés, trop épais, pas assez performants ? Il y en avait pour tous les goûts, d'autant que se promener en maillot de bain, c'était comme d'avoir un projecteur focalisé sur soi en permanence. Quant aux filles du groupe, je n'avais pas accès à leurs problématiques adolescentes. J'étais largué. Mes copains draguaient pas mal, j'étais assez envieux mais trop timide pour présenter des arguments pertinents face à de charmantes jeunes filles.

Et puis vers quinze, seize ans, ce fut le déclic en la personne de Virginie, une charmante nageuse de deux ans ma cadette. C'était une belle brune aux yeux bleus, avec de craquantes taches de rousseur. Elle était assez courtisée au sein du club et ça m'a fait tout drôle qu'elle s'intéresse à moi. Et je me suis fait violence pour prendre l'initiative avec elle, non sans avoir tâté le terrain auprès de son entourage. Virginie est depuis devenue sage-femme. Le premier flirt, on s'en souvient à vie, comme de sa première médaille.

Au sein du groupe d'entraînement de monsieur Bonifay, je me suis lié avec David Keraudren, un voisin qui jouait au foot avant de se mettre à la natation. Nous accrochions bien tous les deux. David excellait en papillon alors qu'il avait commencé sur le tard. Nous formions avec Christophe Brun un fameux trio de copains, de nageurs, inséparables en compétition, mais aussi en dehors. Nous faisions du vélo ensemble, nous passions nos mercredis tous les trois à jouer à la console, à nager… La douce et agréable vie d'ado, insouciante et fondatrice, une relation pour la vie avec ces deux frères qui furent témoins lors de mon union avec Faustine, en août 2020.

Avec David, nous avions toujours envie d'en faire plus. Afin de progresser, à treize, quatorze ans, David me dit : « Viens, on essaie de s'entraîner entre midi et deux et on demande des horaires aménagés au collège. » Malheureusement, cela nous a été refusé. Le principal du collège Lou Garlaban considéra qu'il n'y avait pas assez de sportifs dans l'établissement pour aménager des horaires spécifiques. Mais avec David, nous ne sommes pas restés sur cet échec. Nous avons négocié avec la piscine d'Aubagne pour disposer le midi, deux fois par semaine, d'une ligne d'eau pour nous seuls. Nous sortions du collège, mangions un sandwich sur le pouce en marchant vers la piscine, puis en avant pour 45 à 50 minutes d'entraînement, de longueurs et consignes transmises par monsieur Bonifay la veille. Au total, nous avalions entre deux et trois kilomètres les mardis et jeudis midi… J'étais alors en 4e et ma scolarité en a pâti. L'après-midi, je connaissais quelques coups de pompe et j'avais un peu de mal à être attentif. D'autant que je m'entraînais tous les soirs. Le temps de dîner, il était déjà 20 h 30 et j'avais souvent la flemme de faire mes devoirs. Résultat logique : j'ai redoublé ma 4e, tout comme David logé à la même enseigne. Mais nous n'avions pas tout perdu car nous nous sommes alors retrouvés dans la même classe.

L'année suivante, nous avons appris qu'un pôle espoir se créait à Marseille sous l'impulsion de Claude Mandonnaud, ancienne championne d'Europe du 400 mètres, et Michel Amardeilh, entraîneur du club phocéen. Cette nouvelle structure, associée au collège Gaston-Defferre de Marseille, proposait des horaires scolaires aménagés pour s'entraîner deux fois par jour, matin et soir. Avec David, nous avons illico déposé un dossier de candidature. Nous avons ensuite participé à une journée de tests : l'objectif était de savoir si nous étions capables d'encaisser deux entraînements le même jour, soit environ une douzaine de kilomètres. Motivés comme nous l'étions, ce ne fut pas une formalité car nous nous projetions déja sur l'enchaînement d'une telle journée sur du long terme. J'étais alors en 3e et j'ai changé de club, transféré au prestigieux Cercle des Nageurs de Marseille… Ce fut un changement de vie radical pour un gamin de quinze ans, il fallait être sérieusement motivé : lever à 5 h 45 tous les matins et retour le soir autour de 20 h 30 à la maison… Avec David, nous faisions les allers-retours entre Aubagne et Marseille tous les jours. Ma mère nous accompagnait tous les matins avec un rendez-vous à 6 h 05 devant chez David, puis 20, 25 minutes de route. Le temps de nous changer, nous étions dans l'eau à 6 h 45 ! Le retour Marseille-Aubagne était beaucoup plus laborieux : un bus, un tram et encore un quart d'heure de route avec son oncle qui nous ramenait chez nous.

J'avais beau être fatigué par moments, je n'aurais raté un entraînement sous aucun prétexte. Avec David, nos motivations étaient indissociables. Qu'il pleuve ou qu'il vente, il nous attendait devant chez lui le matin. Il était impensable de le planter. Et pour lui, il était impensable de nous faire déplacer pour rien. Nous étions en 1998, les SMS n'existaient pas. Pannes de réveil et flemmardises strictement prohibées !

Après l'entraînement du matin d'une durée de deux heures, pour environ six kilomètres de nage, nous allions ensemble au collège Gaston-Defferre à pied (10 à 15 minutes). Après trois heures de cours, nous déjeunions au Cercle des Nageurs, avant de retourner au collège de 13 h 30 à 17 heures. Nous finissions notre marathon par le deuxième entraînement de la journée pour six ou sept kilomètres de nage, sans compter les séances de musculation d'une heure les mardis et jeudis. Sans un tel programme de douze ou treize kilomètres quotidiens, il est impossible d'envisager une carrière de haut niveau. Au Cercle des Nageurs de Marseille, avec David, nous faisions partie tous les deux d'une génération de qualité, mais sans futures stars annoncées.

Et ma vie scolaire a encore fait les frais de ces cadences infernales… J'ai redoublé ma 2de mais je m'accrocherai et obtiendrai le bac S avec deux ans de retard. Malgré l'aménagement des horaires, comme à Aubagne, certains professeurs n'étaient pas très accommodants, le double projet scolaire-sportif ne les passionnait guère.

Malheureusement, au cours de notre deuxième année, David souffrit d'un souci de santé, une déchirure persistante au mollet. Il ne nageait que sur les bras ou presque et ses résultats s'en ressentirent. La mort dans l'âme, il dut se résoudre à arrêter la natation, avec à son palmarès tout de même un titre de champion régional sur le 200 mètres papillon. Quant à moi, à cette période, j'obtins de bons résultats au niveau nationale 2, la seconde division, sur le 100 mètres dos et le 200 mètres 4 nages. Je n'ai cependant jamais été sélectionné dans les équipes de France jeunes. J'étais en quelque sorte un nageur anonyme qui faisait ses gammes.

Mes allers-retours entre Aubagne et Marseille ne durèrent que deux ans. J'assistais à une petite « guéguerre » de clubs du coin, pour récupérer les meilleurs nageurs de la région. Licencié à Aubagne natation jusqu'en 2000, je faisais les compétitions sous les couleurs de ma ville natale. Mais après tous ces épuisants voyages, j'ai saisi l'opportunité d'avoir une chambre à Marseille. Pour cela, il fallait que je prenne ma licence au Cercle des Nageurs de Marseille et que je signe donc en terre olympienne.

Ce fut une révolution pour moi. Ce petit chez-moi était une modeste chambrette d'une dizaine de mètres carrés mais elle était idéalement située. Derrière le bassin olympique, il fallait prendre un long couloir pour y accéder. Il y avait sept chambres et une cuisine commune. Ma chambre donnait sur un terrain de pétanque et de beach-volley. Mon temps de déplacement entre la piscine et mon lit n'excédait pas une trentaine de secondes. Le luxe absolu !

J'ai rapidement pris mes repères et surtout, j'ai rencontré un certain Denis Auguin. Tout juste arrivé de Nice, Denis venait de prendre en charge la responsabilité du groupe élite auquel j'appartenais. Nous étions un peu plus de quinze nageurs sous ses ordres. Nous avions déjà un rythme d'entraînement assez soutenu, mais il va mettre la barre bien plus haut, avec une exigence de tous les instants.

Au début, ce ne fut pas le coup de foudre avec Denis. Ses méthodes, sa façon d'entraîner me brusquèrent, mais c'était aux nageurs comme nous de s'y accommoder. Nous étions un groupe d'une quinzaine de nageurs, garçons et filles. Je le trouvais sévère, froid, lunatique parfois. Un mot ou une attitude de travers et tout le groupe morflait, sanctionné de longueurs supplémentaires. Recommencer les exercices une, deux, trois fois, encore et toujours, cela s'apparentait à des méthodes militaires. Quand il s'énervait, il mettait des coups de pied dans le matériel, tout se mettait à voler. « Mais c'est qui ce fou ? » Personnellement, je n'avais pas envie de faire le mariole. Et étrangement, après l'entraînement, lors des retours au calme, il discutait avec les nageurs, riait comme si de rien n'était. Ce côté convivial me plaisait beaucoup. Son autoritarisme, je m'en moquais un peu. J'étais là pour bosser et progresser. S'il gueulait, c'était toujours pour de bonnes raisons. Avec le temps, j'ai appris à le découvrir, il m'a tant apporté, la rencontre de ma vie...

Quand je suis arrivé à Marseille, j'étais plutôt spécialisé en dos et en 4 nages, mais c'est Denis qui a détecté mon potentiel en crawl, plus particulièrement en sprint. À dix-huit ans, il était l'heure de me mesurer aux meilleurs espoirs du pays sur ma catégorie d'âge, voire d'Europe. Les Championnats d'Europe juniors, je les visais sur 100 et 200 crawl, mais aussi sur le relais 4 x 200 mètres nage libre. Et le jour de mes dix-huit ans, censé marquer mon entrée dans l'âge adulte, je fus ramené à la dure réalité d'un jeune homme qui n'en a pas fait assez pour viser plus haut. J'ai raté ma qualification pour les Championnats d'Europe juniors ! J'étais engagé sur le 200 mètres crawl. Pour me qualifier, je devais terminer dans les six premiers des Championnats de France et j'ai terminé septième, un premier échec cuisant. Ce fut l'abattement. Je me demandai si un jour j'arriverais à atteindre le haut niveau. Je me sentais en capacité de faire partie de l'élite mais tous les ingrédients n'étaient pas encore en place. Et cette frustration de la non-qualification pour les Championnats d'Europe n'était qu'une pâle répétition de ma non-qualification pour les JO d'Athènes. Septième encore une fois, l'histoire de ma vie, ces échecs à une place près, à quelques centièmes de seconde…

Mais je finis par voir le bout du tunnel en décrochant ma première sélection en équipe de France seniors, lors des Championnats d'Europe petit bassin, assez tard finalement, en décembre 2003. Après cinq ans d'entraînement à Marseille, je touchais enfin du doigt le haut niveau international, qualifié modestement en tant que quatrième sprinteur dans le relais bleu 4 x 50 nage libre, derrière Frédérick Bousquet et Romain Barnier notamment, en équipe de France depuis longtemps. Nous avons obtenu une bien modeste huitième place à ces championnats qui se tenaient à Dublin.

Le petit bassin faisait partie de ma construction, un tremplin international. Nager sur 25 mètres me poussait à redoubler d'efforts à l'entraînement pour atteindre mon objectif ultime en bleu : la vraie natation, le grand bassin de 50 mètres.

Le bassin de 25 mètres, à mes yeux, n'est pas le reflet de la grande et pure natation, celle qui me fait vibrer. Des nageurs peuvent être très forts en petit bassin, mais peu performants en grand bassin. En petit bassin, sur un cent mètres, le nageur touche le mur quatre fois, l'impulsion du départ comprise. Il s'en sert pour prendre de la vitesse et faire ensuite ses 15 mètres de coulée. Sur grand bassin, il ne prendra appui qu'à deux reprises, lors du départ et du virage. À mon sens, la performance doit s'effectuer par la nage et non sous l'eau. D'ailleurs, en 1984, lors des JO de Los Angeles, sur le 100 mètres, des dossistes ont effectué au total plus de 75 mètres lors des coulées. Afin d'en limiter l'impact, la fédération internationale a donc limité la distance sous l'eau à 15 mètres, dans le but de voir les nageurs nager et non se déplacer sous l'eau.

Le petit bassin m'a donné la possibilité de me confronter aux meilleurs, et notamment lors de ma première convocation en équipe de France en décembre 2003. Puis je fus de nouveau sélectionné en décembre 2004 pour les Championnats d'Europe petit bassin, à Vienne, toujours dans le relais 4 x 50 nage libre, avec à la clé la médaille d'or. Pour le Cercle des Nageurs de Marseille, il s'agissait du premier titre d'un de ses membres depuis une éternité. Je redorais son blason, certes en relais, mais tout de même, paradoxalement dans une période où la relation commençait à se gâter entre Denis Auguin et la direction du club, en la personne de Jean-François Salessy, qui deviendrait plus tard l'agent de Camille Lacourt, des Manaudou et de toute la galaxie marseillaise.

Le patron du Cercle des Nageurs de Marseille attendait des résultats plus probants du groupe et cette pression sur les épaules de Denis Auguin, nous, les nageurs, nous la ressentions. Notre entraîneur semblait à cran, en manque de sérénité.

Je commençais à gagner ma vie grâce à la natation. Pas des sommes extravagantes, mais le strict nécessaire pour vivre correctement. Ma toute première source de revenus fut un salaire de maître-nageur à Marseille en 2003 pour quelques centaines d'euros par mois. Je surveillais la piscine quelques heures par semaine. Puis mon premier titre européen en relais, en 2004, me permit de signer un contrat avec la marque Speedo à hauteur de 5 000 euros par an. Tout cela pour porter leurs maillots, bonnets, lunettes, tee-shirts et tout le matériel nécessaire à notre activité. Il faut bien comprendre que les contrats avec les équipementiers représentent la première source de revenus d'un nageur.

Plutôt fataliste, je n'ai jamais vraiment été jaloux des rémunérations des footballeurs. En natation, il n'y a pas le même modèle économique, beaucoup moins de visibilité, excepté dans les grands rendez-vous comme les Championnats du monde ou les JO... Si je nageais vite et bien, je pouvais récolter les fruits de mon engagement, de mon travail. Oui, c'était un peu frustrant de ne pas gagner autant que les stars du foot. Oui, il y a un problème de répartition de l'argent dans le sport, mais les footballeurs n'y sont pour rien. Tout est question de *business model*. Pour quelles raisons le football est-il plus populaire que la natation en France ? Culturel non ? En tout cas, j'ai choisi la natation par amour pour ce sport, en mettant de côté les contraintes de rémunération.

En 2004-2005, j'ai passé mes diplômes d'entraîneur, ce qui m'a permis d'avoir de plus riches échanges avec Denis sur la préparation de mes entraînements. J'avais vingt ans et je gagnais en maturité. Je commençais à voler de mes propres ailes et je démontrais à mes parents qu'ils pouvaient me faire confiance. Ils ont été indispensables dans la construction du petit champion, de ce jeune garçon qui voulait devenir nageur de haut-niveau. Ma mère ne connaissait pas grand-chose de mes chronos, mais elle était une cheville ouvrière derrière mon parcours. Je n'oublierai jamais les trajets Aubagne-Marseille avec elle, par des petits matins blêmes. Je n'oublierai jamais la bienveillance de mes parents qui m'ont laissé le temps de me développer sportivement.

En 2005, Romain Barnier mit un terme à sa carrière et fut nommé dans la foulée directeur sportif du Cercle des Nageurs de Marseille, placé entre la direction et Denis Auguin, une situation qui devint rapidement invivable. Notre entraîneur perdit sa liberté, de l'autonomie et sa marge de manœuvre sous l'autorité de l'ex-nageur de l'équipe de France. Deux caractères difficilement conciliables. Ce conflit avec Romain Barnier laissera des traces jusqu'aux JO de Rio 2016. Rapidement, un accord à l'amiable de rupture de contrat fut trouvé entre le Cercle et Denis Auguin. En février 2006, ce dernier m'annonça son départ, sans alors connaître son nouveau point de chute. Je l'aurais suivi au bout du monde, tellement il avait à m'apporter… Quand il partit donc dans un autre Cercle, celui des Nageurs d'Antibes, à moins de deux cents kilomètres, je suivis mon guide, mon mentor. Mais mon départ fut pour le moins conflictuel. Les dirigeants du Cercle des Nageurs de Marseille n'étaient pas vraiment chagrinés de me voir partir. Ils souhaitaient juste que je reste licencié chez eux, afin de récupérer mes résultats. Ils m'ont alors menacé d'un procès, de mettre des avocats sur le coup pour rupture de contrat alors que je n'en avais jamais signé ! Et les choses ont fini par se tasser, la raison l'a emporté.

Mon déménagement au Cercle des Nageurs d'Antibes en septembre 2006 fut capital dans ma quête olympique. J'y ai rencontré un garçon extraordinaire, mon frère d'armes, Boris Steimetz.

Ce nouveau projet antibois m'a surtout donné plus de détachement et de sérénité pour la préparation de ma saison 2006-2007. Je venais quelques semaines plus tôt d'être sélectionné pour la première fois en équipe de France grand bassin dans le cadre des Championnats d'Europe de Budapest 2006. J'étais qualifié pour le relais 4 x 100 mètres nage libre, le 50 et le 100 mètres nage libre. Sans être une consécration, je commençais à m'approcher de mes objectifs…

Chapitre III

Équipe de France : amitiés, déceptions et coulisses (acte I)

Laure Manaudou, Hugues Duboscq, Malia Metella et Solène Figuès… les héros olympiques de la natation tricolore, médaillés à Athènes aux JO 2004, je les rejoignais enfin dans l'élite de la natation française. À cette époque, l'ambiance était très saine en équipe de France et cela m'a manqué par la suite… Hugues Duboscq est un « mec en or », Malia Metella était adorable.

Avant de faire partie de cette brillante famille, je les avais vus s'entraîner, dans mon club de Marseille, lors d'un stage de préparation préolympique. Ils évoluèrent tous à côté de moi dans les bassins, avant de s'envoler pour la Grèce… Et pourquoi pas moi ?

J'étais dégoûté, si déçu d'être passé à côté de mes premiers Jeux (2004) pour 17 centièmes de seconde !

À cette période, une jeune femme dominait la natation française de toute sa classe. Avec Laure Manaudou, nous nous entendions bien. Nous nous connaissions depuis deux ou trois ans et un soir, lors du stage préolympique, je l'ai invitée pour une balade autour de Notre-Dame-de-la-Garde, un lieu emblématique pas très loin de chez moi. J'avais en effet quitté ma chambre du Cercle des Nageurs de Marseille pour un charmant T2 avec vue sur la mer, à dix minutes de la piscine. Nous avons partagé un moment de complicité en toute simplicité, deux heures pendant lesquelles nous nous sommes livrés, hors du tempo infernal des entraînements, en dehors du brouhaha médiatique… Nous avons parlé un peu de tout… Insouciante Laure mais à la fois déterminée et déjà emblématique.

« Laure, tu peux faire quelque chose de dingue à Athènes », lui ai-je dit avec toute la confiance dont j'étais capable. Il y avait de l'affection entre nous. Le moment était chaleureux, intime… Je l'avoue, j'aurais bien aimé l'embrasser, mais je n'en ai pas eu le courage, d'autant qu'elle était alors en couple. Mais nous nous retrouverons deux ans plus tard, dans un moment de tendresse, resté secret jusque-là…

En juillet 2006 à Canet-en-Roussillon, avec Denis Auguin, nous effectuions un stage dans le club de Philippe Lucas, où s'entraînait sa prestigieuse élève… Laure Manaudou, championne olympique en titre du 400 mètres nage libre.

Mes sensations dans l'eau étaient alors juste exceptionnelles, à tel point que sur 100 mètres, j'ai battu à l'entraînement le record du monde de Pieter van den Hoogenband de deux centièmes (47"82 contre 47"84). Un temps de « malade ». L'entraîneur qui m'avait chronométré n'en revenait pas : « Denis, regarde, je crois que j'ai un problème de chrono… » Et Denis Auguin de lui répondre : « Non, non, tu as bien vu, c'est le bon chrono ! » Bien entendu ce temps n'avait rien d'officiel mais pour le capital confiance il comptait énormément !

C'est à ce moment-là que Laure commença à me faire des appels du pied. Tout cela n'a jamais été raconté, même si ce n'est pas un secret d'État. Lors de mes échauffements au sec, avant de plonger, nous faisions tout un tas de mouvements articulaires. Avec un rien d'espièglerie, Laure m'a envoyé un SMS sans trop d'équivoque : « Sympa ton déhanché cet après-midi pendant ton échauffement... » Et j'ai saisi l'ouverture. Le soir, pour le repas, tous les nageurs du groupe étaient réunis. À l'issue, nous nous sommes éclipsés tous les deux, sans que personne ne le remarque. Dans un coin discret, nous nous sommes rapprochés et avons fini par nous embrasser.

J'étais dans un état d'esprit contrasté : sur un petit nuage à la suite de mon virtuel record du monde mais chamboulé par l'attitude du Cercle des Nageurs de Marseille et mon déménagement vers Antibes à venir. Je me suis laissé aller dans cette intimité naissante. Avec Laure, nous nous sommes vus deux ou trois soirs, à nous embrasser sans plus. Nous nous cachions de tous, c'était palpitant. Nous ne nous sommes pas pris la tête à nous dire que c'était le début d'une grande histoire. Nous nous laissions porter tous les deux par la légèreté et la grâce du moment, sans penser au lendemain. Elle avait dix-neuf ans, j'en avais vingt-trois. Nous discutions avec légèreté de tout et beaucoup de natation… Face aux caméras, elle semblait si timide, réservée, introvertie. Mais elle me fit découvrir d'autres facettes, pleines d'humour et d'insouciance. Comment une championne olympique et une star de la natation pouvait être aussi humble ? Elle ne m'a jamais parlé de ses exploits. C'était une machine de guerre dans les bassins et une jeune femme de dix-neuf ans en pleine construction, simple et accessible.

Pendant tous ces instants volés et cachés, nous avons beaucoup discuté sous le ciel étoilé de Canet-en-Roussillon. J'avais l'impression de percer sa carapace, je me livrais assez volontiers, et elle aussi. Je commençais à avoir un vrai coup de cœur pour elle… plus qu'un coup de foudre. Il était beaucoup trop tôt pour penser à une relation. Elle vivait à 2 000 à l'heure, avec un planning ultrachargé entre ses entraînements et ses opérations extrasportives de championne olympique.

J'étais loin d'être un tombeur et cette « historiette » me donna un petit *boost* de confiance. À la fin du stage, nous nous sommes quittés un peu comme nous nous sommes trouvés, dans l'insouciance ou presque. Nous savions que nous nous retrouverions quelques jours plus tard à Aix-les-Bains, pour le dernier stage précédant les Championnats d'Europe. Mais cette fois, c'était dans le cadre de l'équipe de France qui nous laisserait nettement moins de liberté. Dans l'attente, nous avons pas mal communiqué par SMS.

La vie en bleu ! En arrivant à Aix-les-Bains, j'ai enfin eu l'impression de faire partie de la grande famille de l'équipe de France, après avoir raté ma qualification pour les JO deux ans plus tôt. Ce fut une belle euphorie avec une triple excitation : le défi sportif, la découverte de l'équipe de France de l'intérieur, et cette proximité que personne n'imaginait avec Laure.

Nous sommes parvenus à nous retrouver le soir de la même manière qu'à Canet-en-Roussillon, mais de façon moins régulière. Elle était une véritable star et c'était compliqué de ne pas éveiller les soupçons. Autour des bassins, nous nous rapprochions immanquablement, c'étaient des petits clins d'œil et des moments de complicité. Au final, tout cela facilita mon adaptation pour ma première sélection en équipe de France. Laure me plaisait, le secret et l'interdit rajoutaient du piment à la situation. Elle était très proche d'une autre nageuse de l'équipe, Esther Baron, qui s'entraînait avec Philippe Lucas, et je ne saurais dire si elle lui en parlait ou non.

La préparation se déroula très bien. La relation avec Laure me donnait encore plus confiance en moi et dans l'eau, ça se ressentait. La compétition se présentait sous les meilleurs auspices et le divorce d'avec le Cercle des Nageurs de Marseille me passait au-dessus de la tête.

Mais l'ombre d'un doute s'immisça dans mon esprit. Je sentais Laure moins attachée à notre relation que je ne l'étais. Des petits riens, des petits signaux d'alerte... Tous les soirs, j'étais impatient de la retrouver. Mais une fois, elle déclina : « Non, je suis avec les filles, on se voit demain. » Je n'étais finalement pas le tombeur du siècle. Cela me toucha dans mon orgueil car après tout, c'était elle qui avait fait le premier pas. J'eus soudain l'impression qu'elle s'en moquait un peu. Les jeux étaient faits ou presque. Ce n'était pas l'histoire de nos vies. Je ne baissai pas les bras pour autant, d'autant que nous échangions pas mal de SMS tout au long de la journée.

Le stage dura une petite semaine. Denis Auguin était à Aix mais il ne serait pas à mes côtés pour ma première, aux Championnats d'Europe de Budapest 2006. Dans l'équipe, je m'entraînais avec Amaury Leveaux, Fred Bousquet et je partageais ma chambre avec Fabien Gilot. L'ambiance était au beau fixe, je savourais tous les instants. Greg Mallet nous faisait des tours de magie le soir, nous jouions aux cartes, au billard… Dans le groupe, il n'y avait *a priori* pas d'autre amourette ni de clans.

Puis les choses sérieuses se sont précisées avec le départ pour Budapest. Avec la reine de la natation française, cela se passait toujours bien, même si nos moments privilégiés se faisaient de plus en plus rares. L'arrivée en Hongrie fut comme une douche froide. Du jour au lendemain, Laure me zappa. Plus de son ni d'image. Je le comprendrais quelques jours plus tard, elle avait rencontré Luca Marin, son Italien spécialiste du 4 nages avec qui elle entretiendrait une relation par la suite.

Je n'y étais pas préparé. L'orgueil en a pris un petit coup, même si nous ne nous étions rien promis. Il ne me restait plus que la résignation et le fatalisme, dans le silence et le secret. Inutile de se battre. Rideau. Plus jamais, on ne reparlera de tout cela. Nous nous croiserons pendant toutes ces années, à base de « bonjour-au revoir » brefs mais courtois. Je n'ai jamais ressenti le besoin d'en reparler. Autour de moi, j'attendrai des années pour me confier. Mes parents n'étaient pas au courant, deux ou trois de mes meilleurs amis le sauront bien plus tard. Denis, lui, me connaissait tellement qu'il sentait que nous nous tournions autour.

À Budapest, Laure a battu record sur record. Elle était sur un nuage sportivement et sentimentalement… mais sans moi. Elle vivait sur une autre planète et je n'avais pas d'énergie à perdre pour mes premiers Championnats d'Europe, même si j'avais encore un peu le béguin pour elle. Et comment ne pas l'avoir ?… À un moment, je l'ai croisée, éberlué par toutes ses performances. Je lui ai demandé conseil car moi, je perdais mes moyens sous la pression de l'enjeu : « Comment fais-tu, Laure, pour ne pas stresser et enchaîner des courses à un tel niveau ? » Elle m'a répondu avec détachement : « Bah moi, quand j'arrive derrière le plot, j'ai juste envie de danser, je ne me mets aucune pression et profite à fond du moment présent. »

Elle dégageait une telle force, une telle sérénité, sans compter sa capacité à battre des records. Jusque-là, en France, on ne pensait pas qu'un nageur ou une nageuse puisse se transformer en une telle bête de course. Sportivement parlant, elle a ouvert la voie en enchaînant les performances de très haut niveau. Une machine à l'entraînement comme en compétition. Philippe Lucas l'a forgée. Elle avait un talent inné certes, mais accompagné d'un travail titanesque à partir du plus jeune âge, vers ses treize ans.

Et mes performances aux Championnats d'Europe dans tout cela ? J'ai surtout emmagasiné de l'expérience pour l'avenir. Très régulier sur mes chronos, j'ai nagé cinq fois sur un laps de temps assez court entre 49"2 et 49"5. Fred Bousquet, Amaury Leveaux et Fabien Gilot étaient engagés également sur la distance reine. Je me suis retrouvé en finale du 100 mètres avec Fred Bousquet. Mon objectif était clair : nager en moins de 49 secondes pour viser une médaille. Le favori était le monstre de la discipline, Pieter van den Hoogenband. Trois semaines avant ma finale, à l'entraînement, j'avais nagé en 47"8 mais ce jour-là, dans la piscine de Budapest, je terminai dernier en 49"47. Fred, lui, échoua au pied du podium, quatrième en 48"9 avec un record de France à la clé.

Double échec sur le 100 mètres individuel : je n'ai pas de médaille et je n'ai pas nagé moins de 49", j'ai tout de même réussi à relativiser. Je savais que je valais mieux que ça, j'avais le nouveau record de France dans les jambes. Je le concrétiserais plus tard. Et surtout, j'ai remporté ma première médaille en grand bassin sur le relais 4 x 100 mètres. Nous avons obtenu le bronze avec Leveaux, Bousquet et Gilot… La fierté d'intégrer ce relais mythique du

4 x 100 mètres nage libre, et sa belle dynamique. Point positif, ma place en finale des Championnats d'Europe me qualifia pour les Mondiaux de Melbourne 2007. Pour moi, c'était un rêve d'aller en Australie, l'équipe de France allait me l'offrir.

De retour de Hongrie, j'ai commencé à prendre mes marques à Antibes. C'était un environnement plus serein qu'à Marseille, dans une ambiance familiale. Le club était reconnu sur le plan national grâce à la présence et l'aura de Franck Esposito avec qui je m'étais entraîné quelques années plus tôt à Marseille. Médaillé olympique, Franck avait été la tête d'affiche de la natation tricolore avant que Laure n'éclate aux yeux du monde. Désormais directeur sportif après sa retraite sportive en 2005, il insufflait rigueur et dynamisme dans le groupe des nageurs de haut niveau. Son implication dans le monde de la natation était totale et Franck aura un impact important sur la suite de notre carrière avec Denis Auguin.

Ma sérénité du moment se manifesta par de meilleurs chronos. En janvier 2007, je réalisai mon meilleur temps et un mois plus tard, je fis tomber le record de France de Frédéric Bousquet (48"97) lors d'un meeting à Lyon en 48"81. Melbourne se profilait au mois de mars, je me sentais dans la forme de ma vie. Malheureusement, ce bel élan fut cassé par un deuil familial. Je perdis Jeanine, ma grand-mère maternelle, celle qui m'accompagnait à la piscine d'Aubagne quand j'apprenais à nager. Toute la famille fut très affectée par la disparition de cette grand-mère à l'ancienne, si généreuse lors des repas du dimanche, avec qui nous avions passé tant de moments chaleureux et fondateurs. Mais quoi de mieux pour lui rendre hommage que de signer de belles performances. Là où elle était, tout en haut, nul doute qu'elle a apprécié mes records…

Malgré le deuil et après un dernier hommage rendu lors de ses obsèques, je dus reprendre ma petite vie de forcené de la natation : lever 6 heures 30, pour une mise à l'eau à 7 h 30.

Le matin, j'ai toujours eu du mal à émerger à 6 h 30, comme la plupart des autres nageurs. Dans le vestiaire, nous étions encore à moitié endormis, personne n'avait envie de parler, le temps de mise en route était plutôt long. Et qu'importe les courbatures de la veille, il fallait y aller. Il y avait la routine des sept lignes d'eau à installer tous les matins à 7 heures tapantes, emmitouflés dans nos doudounes l'hiver, dans la nuit, parfois sous une pluie battante. Certains ne jouaient pas toujours le jeu et cela avait parfois le don de m'agacer. La piscine n'était pas couverte et avec nos simples maillots et nos peignoirs, nous n'étions guère armés contre l'hiver, bien loin de l'image glamour que le grand public peut avoir du haut niveau. Nous ne traînions pas pour la mise à l'eau, normalement à 28 degrés. Et quand la chaufferie débloquait un peu, s'entraîner dans une eau autour de 25 degrés s'apparentait au pire des calvaires.

Au programme, un échauffement à sec de dix à quinze minutes, puis deux heures de nage, le temps d'avaler six ou sept kilomètres. Denis Auguin nous donnait les consignes et on se jetait l'eau pour ce qui pouvait s'apparenter à un travail de fond. La séance se terminait par des étirements et certains rentraient chez eux se reposer, alors que d'autres devaient trouver le courage et la motivation pour des formations professionnelles ou autres cours. Personnellement, j'étais conscient de mon statut privilégié : je pouvais compter sur mes premiers sponsors afin de rester pleinement concentré sur mes objectifs sportifs et me reposer entre les deux séances quotidiennes ce qui ne fut pas le cas durant les années précédentes.

Et pour atteindre mes objectifs, je devais rester à un poids de référence correspondant à ma morphologie, le fameux rapport poids-puissance. À cette époque, je pesais 86-87 kilos et j'arriverais à Pékin deux ans plus tard avec 90 kilos sur la balance. Aujourd'hui, je frôle le quintal !

De nature gourmande, pendant ma carrière de nageur, je pouvais me permettre de manger en quantité sans prendre de poids. J'étais souvent irritable, pressé d'engloutir pâtes et féculents afin de mettre du carburant dans la machine sur les coups de 11 h 30. Ensuite, c'était la sacro-sainte sieste entre quarante minutes et une heure et quart. Quand le réveil sonnait, je me sentais souvent perdu, sans savoir si l'on était au milieu de la nuit ou dans l'après-midi... J'étais souvent à bout physiquement et nerveusement mais mes rêves me sortaient du lit pour le second entraînement de la journée, tout aussi dur que celui du matin.

En février 2007, les Mondiaux et les JO se rapprochaient, je ne pouvais en aucun cas me permettre le moindre relâchement... 95 % de fatigue tout au long de l'année pour 5 petits pour-cent d'extase sportive, sans même avoir la garantie de monter sur les podiums.

Dans ma quête de performance, je disposais d'un gros avantage sur la concurrence : mon cœur. Pour un sprinteur, j'avais une capacité d'endurance bien supérieure à la moyenne. Je pouvais nager à des vitesses élevées sur d'assez longues distances.

Sur une grosse séance d'une heure et quart, le cœur ne descend que très rarement en dessous de 140 pulsations par minute, passant son temps entre 170 et 180, l'équivalent de 60 inspirations par minute. Aujourd'hui, quand je retourne nager, dix ans après l'arrêt de ma carrière, je n'arrive évidemment plus à supporter ce rythme. Une question d'entretien… et de motivation !

Tous les deux jours, je retrouvais mon ostéopathe ou mon kiné, pour réparer mon corps traumatisé par ces entraînements hors normes. Beaucoup en ont eu assez de cette discipline de fer et ont mis un terme prématuré à leur carrière.

Lors de ces phases d'entraînement, à 18 h 30-19 heures, j'avais déjà envie d'aller au lit, perclus de douleurs et de traumatismes, en évitant surtout de penser au lendemain où tout recommencerait… Coûte que coûte, je me suis tenu à ce rythme infernal, à cette rigueur, à cette vie d'ascète.

Je restais chez moi le soir, loin des tentations de la vie azuréenne… Peu de sorties et de verres entre copains, mais je l'avais choisi. Du haut de mes vingt-trois ans, je connaissais ces privations et ces frustrations qui n'en étaient pas réellement depuis quelques années déjà. J'étais rodé, avec mes objectifs élevés toujours bien présents à l'esprit.

Melbourne 2007 était un passage obligé sur la route de Pékin. Ces Championnats du monde seraient un bon test face à la concurrence.

Lors du stage de préparation de l'équipe de France à Brisbane, je partageais ma chambre avec Amaury Leveaux. Je ne connaissais pas plus que ça ce grand gars tout dégingandé… Il avait participé au relais 4 x 100 mètres à Athènes. Un nageur épatant par ses qualités, mais sur le plan humain, je me dis que cela allait être compliqué. J'avais un *a priori* plutôt négatif. Finalement, je fus agréablement surpris. Nous avons passé d'excellentes soirées à nous confier en toute simplicité. C'est un homme sincère et touchant, contrairement à l'image qu'il peut renvoyer parfois. Il a eu une enfance compliquée et s'est mis à la natation sur le tard. Nager le canalisait… C'était touchant car il s'est livré assez spontanément, sans me connaître vraiment. Je reste persuadé que son tempérament de feu lui a forcément joué des tours pour rester performant sur la durée car il y avait un immense talent en lui. Moi, hyper sérieux dans mes entraînements, j'avais du mal à performer, alors que lui, assez désinvolte, était très aquatique et nageait très, très vite… Moi le bosseur moins rapide qu'Amaury, plus décontracté, le sport de haut niveau est parfois injuste, même si j'étais convaincu que mon travail finirait par payer, tôt ou tard.

Et j'ai vu en Amaury un allié contre le clan des Marseillais, sans qu'il y ait de guerre larvée avec eux. Je sentais qu'avec Amaury, nous étions sur la même longueur d'onde dans nos relations avec Gilot et Bousquet… Ce fut une entente cordiale mais sans plus. Je me sentais un peu mis à l'écart, à la suite de mon départ de Marseille huit mois auparavant… alors que nos deux co-équipiers venaient de s'installer au Cercle des Nageurs de Marseille.

D'ailleurs, j'ai gagné ma première médaille mondiale au sein du relais 4 x 100, en bronze avec Fabien Gilot, Fred Bousquet et Julien Sicot. Lors du débriefing le soir même, les médailles des remplaçants furent remises à Grégory Mallet et Amaury Leveaux, qui la jettera dans la poubelle avant de la récupérer. Du Leveaux tout craché qui n'avait pas accepté son rôle de remplaçant... Malgré tout, pour moi, ce fut un beau souvenir, prouvant que nous étions avec Denis Auguin sur la bonne voie pour les JO un an plus tard.

En revanche, sur le 100 mètres individuel, un excès de confiance me priva de la finale alors qu'une médaille était accessible. Je fus éliminé en demi-finale pour deux centièmes de seconde, alors que le podium se jouera dans des temps à ma portée. Dans ma demi-finale, je me relâchai beaucoup trop afin de garder de l'énergie pour le lendemain. En pure perte puisque j'ai assisté à la finale depuis les tribunes. Une bonne leçon qui me servira pour ne plus jamais retomber d'aussi haut.

Lors de ma déconvenue, j'ai croisé VDH dans les vestiaires, ce monument, recordman du monde et double champion olympique. Il revenait de blessure. « Comment s'est passée ta course ? » m'a-t-il demandé. Je sentis chez lui énormément de bienveillance à mon égard malgré la barrière de la langue (l'anglais que je ne maîtrisais pas aussi bien qu'aujourd'hui), et j'en fus honoré. La déception se lisait sur mon visage de ne pas participer à ma première finale mondiale. La star se voulait constructive : « Ne t'inquiète pas, ça va aller, tu nages bien techniquement et tu seras plus fort la prochaine fois. Accroche-toi, Alain ! » conclut-il. Il ne croyait pas si bien dire. Un an plus tard, je battrai son record du monde dans la piscine qui porte son nom, sur ses terres, à Eindhoven.

Sur le 50 mètres, comme un symbole, je finis également neuvième des demi-finales. Pas de finale, ce n'était décidément pas mon heure.

Denis n'était pas dans le staff de l'équipe de France une fois de plus, mais la Fédération lui avait payé le voyage en Australie. C'était assez rare mais malgré sa non-sélection en tant qu'entraîneur et ayant foi en mes capacités, l'instance fédérale avait senti à quel point il était important pour moi de l'avoir à mes côtés. Denis ne comprenait pas comment j'avais pu autant me rater, mais fin psychologue, il ne m'accabla pas. C'est à ce moment-là que nous nous sommes fixé tous les deux un objectif très clair et plein d'ambitions : gagner toutes les courses possibles. Plus qu'une prophétie, l'envie commune de s'afficher en patron.

Et le défi commença avec mon record de France que je battis deux fois en juin, d'abord de trois dixièmes, et ensuite de quatre dixièmes lors des Championnats de France 2007 de Saint-Raphaël. J'égalai en 48"12 la deuxième meilleure performance mondiale de tous les temps, détenue par Filippo Magnini, champion du monde à Melbourne.

Pour compléter cette entrée chez les grands noms du sprint mondial, j'égalai aussi la deuxième meilleure performance mondiale sur 50 mètres en 21"76.

Après cette course référence, un événement inattendu me déçut : deuxième à 23 centièmes, dépossédé de son record de France, Frédérick Bousquet décida de boycotter le podium. Son attitude n'était pas forcément dirigée contre moi mais me déplut grandement sur l'instant.

J'ai commencé enfin à tirer les bénéfices de toutes mes performances. Dans le monde de la natation, avant 2008, nous étions entre cinq et dix nageurs à gagner notre vie, quelques centaines d'euros fixes par mois et le reste en primes : 1 000 euros la place de finaliste dans les grands championnats, jusqu'à 15 000 le titre de champion d'Europe.

Avant 2007, je gagnais l'équivalent de 5000 à 10 000 euros par an et dans cette année qui précédait les JO de Pékin, j'ai signé mon premier contrat avec EDF, d'un bon montant sur deux ans. En 2007, j'avais vingt-quatre ans, c'était le moment où je commençais à bien gagner ma vie grâce, entre autres, aux premiers contrats de sponsoring (à la suite de mes performances sur 50 et 100 mètres nage libre – deuxièmes chronos de l'histoire). Il était temps !

À l'aube de cette saison olympique 2007-2008, tous les espoirs m'étaient permis. Pour m'aérer l'esprit, j'ai profité d'un week-end pour faire une escapade dans la région toulousaine. Et lors d'une soirée entre amis, pour amuser la galerie, j'ai fait le poirier… Résultat : une belle glissade et une luxation de l'épaule. Sur le coup, je ne pris pas conscience de la gravité de cette blessure. À mon retour dans les bassins le lundi matin, Denis Auguin m'envoya balader : « Ce n'est pas mon problème. Débrouille-toi ! » Un mois et demi d'indisponibilité qui s'ajoutait aux quatre semaines de vacances estivales, j'étais dans de beaux draps…

Les examens médicaux furent rassurants. Par bonheur, aucune fracture. De nombreuses séances chez l'ostéopathe et le kiné m'ont permis de récupérer plus rapidement que prévu. Et passé sa colère, Denis m'a fait récupérer une grande partie du retard accumulé par un programme adapté. Je me suis astreint à nager une quarantaine de minutes de plus par séance. Quand mes camarades d'entraînement étaient déjà dans les vestiaires, je poursuivais mon effort tout seul dans la piscine. Le prix de ma maladresse et de mon poirier hors de contrôle !

À Eindhoven, lors des Championnats d'Europe 2008, chez Pieter van den Hoogenband, mon épaule réparée, j'ai battu trois records du monde en trois jours (100 mètres nage libre à deux reprises, et le 50 nage libre le lendemain). Malgré mes deux titres de champion d'Europe, mes deux premiers titres majeurs en individuel, je n'étais paradoxalement toujours pas qualifié pour les JO de Pékin. Je devais finir dans les deux premiers des championnats de France qui se tiendraient quelques jours plus tard à Dunkerque, ce qui fut une formalité.

À mon retour d'Eindhoven, je découvris avec stupéfaction une foule de 200 à 300 personnes qui m'attendaient à l'aéroport de Roissy. Mes titres et mon niveau de performance n'étaient pas passés inaperçus en France. Les effets disproportionnés de la starisation ! Tout cela au moment où mon grand ami Boris Steimetz était au plus bas. Dans l'anonymat le plus total, il galérait alors pour intégrer l'équipe de France en vue des JO. Et son SMS reçu, juste avant la finale du 100 mètres des championnats d'Europe, m'avait donné ce petit supplément d'âme. « Alain, tu peux déplacer des montagnes, tu sais que l'on croit en toi ! » Juste retour des choses, quelques semaines plus tard, il décrocha aussi sa qualification olympique. La grande aventure chinoise, nous allions la vivre ensemble…

Chapitre IV

Le dopage, sans langue de bois

Que ce soit aux cartes ou à la pétanque, si populaire dans ma Provence natale, je n'ai jamais supporté les tricheurs. Affaire d'éducation. Le dopage, j'étais gamin quand j'en ai entendu parler pour la première fois. Ce devait être lors d'une affaire qui touchait le Tour de France ou l'athlétisme, pas encore la natation que je commençais à pratiquer sérieusement. Tout cela était encore assez flou dans mon esprit, mais je ne parvenais pas à comprendre que l'on puisse tricher en pratiquant un sport que l'on aimait. Que l'on salisse son sport comme son organisme en ingurgitant des produits prohibés. Que l'on risque sa vie pour gagner une place ou deux dans une course. Très tôt un matin, à quinze ans, quand je me préparais pour partir à l'entraînement, j'ai eu une révélation en me regardant dans la glace : soit j'y arriverais en restant propre, soit je n'y arriverais pas. Pouvoir se regarder dans un miroir et être serein, je l'ai ressenti ce matin-là. Et dans toute ma difficile ascension jusqu'au plus haut niveau, je n'ai jamais dérogé à cette règle.

J'ai bien sûr eu des doutes sur certaines performances. Imaginer après une défaite qui restait en travers de la gorge, « mais lui, c'est sûr, il est dopé », cela m'est arrivé plus d'une fois. Mais c'était une perte de temps et d'influx nerveux. Je devais rester focalisé sur mon développement personnel, pas sur les changements de silhouette de mes adversaires ou leurs performances surprenantes.

Et ce fut difficile à encaisser quand la suspicion s'est portée sur moi, notamment à Eindhoven après mes trois records du monde de 2008. À l'arrivée du 100 mètres nage libre où j'avais devancé l'Italien Filipo Magnini et le Suédois Stefan Nystrand, j'exultais sans imaginer que mes adversaires directs allaient remettre ma performance en cause. Quelques heures après, je découvris stupéfait les déclarations de Magnini et l'échange que mes deux dauphins avaient eu sans avoir le courage de venir m'en parler en face.

Selon *Le Journal du dimanche*, Stefan Nystrand « ne veut pas commenter » mais juge que Bernard va « vraiment trop vite ». Magnini estime, lui, qu'il est « trop costaud » et qu'il a « trouvé de bonnes vitamines depuis un an » ! Ce sont les journalistes français qui me l'apprennent sur place aux Pays-Bas. Ma réponse est nette et tient en quelques mots : « Les Italiens n'ont pas de leçon à nous donner sur le dopage. » Je faisais référence à des cas de dopage révélés quelques années auparavant chez des nageurs italiens.

Les seules vitamines que je prenais, et qui pouvaient m'être reprochées, étaient emballées dans du papier rouge et blanc et très fortement chocolatées. Positif au Kinder Schoko-bon, échantillon A et B !

Plus sérieusement, je reste encore aujourd'hui, et jusqu'à la fin de mes jours, à disposition des autorités concernées si des contrôles peuvent être effectués au regard de l'évolution de la science. Je dors sur mes deux oreilles.

Depuis mes débuts, j'avais bien fait les choses. Je fus suivi par un médecin référent dès mon arrivée à Marseille. Si je tombais malade, j'avais une liste précise de médicaments à prendre ou non, comme la plupart de mes collègues d'entraînement. Et puis il y avait un formulaire (calendrier) à remplir trois mois à l'avance en donnant les lieux et les créneaux d'une heure par jour pour d'éventuels contrôles inopinés. À mes yeux, c'était parfaitement normal alors que certains sportifs s'en offusquaient. Eh oui, trois *no-shows* (défauts de localisation) éveillent logiquement de forts soupçons de dopage et des comportements plus que suspects !

Mais je suis aussi conscient que l'erreur est humaine. J'ai moi-même manqué un contrôle. En 2010, je participais à un événement avec mon sponsor Arena à Lisbonne. J'avais oublié de modifier mon agenda… Les contrôleurs sont arrivés au Cercle des Nageurs d'Antibes au moment où j'étais dans l'avion de retour du Portugal. Ma carte d'embarquement le prouvait et même après l'avoir présentée, j'ai écopé d'une notification de *no-show*. Un deuxième défaut de localisation aurait entraîné un début de suspicion, une très mauvaise presse, associée à de sales rumeurs. J'étais clair avec moi-même, j'ai reconnu mon erreur, je n'ai pas été assez organisé ce jour-là, et cela a failli me coûter très cher. Une bonne leçon et un oubli qui ne s'est plus jamais reproduit. Une erreur, cela peut arriver, mais trois erreurs c'est indéfendable, à l'image de certains sportifs que je n'ai même pas envie de citer.

Y a-t-il eu du dopage en équipe de France ? Du dopage généralisé, non, et s'il y en a eu, je n'étais pas au courant. Et malgré les années qui se sont écoulées depuis ma retraite des bassins, aucun nom de nageur de ma génération n'est ressorti. Des nageurs français ont bien été suspectés de dopage par des coéquipiers. Mais tout cela n'est resté qu'au stade de rumeurs, rien de plus.

J'ai quand même envie de revenir sur le cas d'un nageur français qui s'entraînait régulièrement aux États-Unis. Quand il rentrait en Europe sur des championnats ou des meetings, sa carrure laissait la grande majorité des nageurs, dont moi, dubitatifs. Mais il ne fut jamais inquiété ou contrôlé positif…

J'ai fait un stage aux États-Unis en 2006 à Auburn, dans la prestigieuse université de l'État d'Alabama, juste avant de rejoindre Antibes. J'y ai vu certaines pilules en vente dans la boutique de la piscine… Je n'ai jamais trop voulu savoir ce qu'il y avait dedans, mais j'ai trouvé cela très bizarre. Jamais on ne doit pouvoir acheter un médicament sans savoir ce qu'il y a dedans. J'en ai même tiré des leçons, signant à mon retour en France un contrat de sponsoring avec une marque de compléments alimentaires (EA FIT), label de qualité franco-français, à base d'acides aminés et de protéines. J'avais été sensibilisé par mon médecin sur la posologie des compléments alimentaires, démarche à laquelle Denis Auguin était bien évidemment associé. Le but : prendre grâce à ces compléments alimentaires ce que l'on ne trouve pas dans une alimentation lambda, en compensation de mes dépenses énergétiques de nageur.

Il faut aussi parler ici des AUT (Autorisations à usage thérapeutique) très réglementées. Elle me permettait de suivre un traitement à base de Ventoline et de salbutamol pour lutter contre mon asthme. Au début, j'avoue avoir culpabilisé : prendre un médicament interdit mais autorisé sur ordonnance pour pouvoir concourir… Jusqu'au moment où un médecin m'a bien expliqué la situation. Pour pouvoir lutter à armes égales, et avoir une bonne capacité pulmonaire dans l'eau, je n'avais pas d'autre choix. Sans ce traitement adapté et la déclaration d'AUT, j'étais entre 80 et 85 % de mes capacités respiratoires. Grâce au traitement, je me rapprochais des 100 % sans pour autant les atteindre. Adolescent, à partir de quatorze ans, une gêne respiratoire avait été décelée et après de multiples récidives, une bronchite plus sévère a traîné. Le test chez le pneumologue livra son diagnostic : asthme d'effort.

Pendant deux ans, à Aubagne, je me suis senti à l'écart de tous mes copains et puis le traitement salvateur, pris notamment avant l'effort, m'a remis sur les rails. Était-ce du dopage ? Non, cela s'est fait dans les règles. Les autorisations à usage thérapeutique me permettaient de prendre 16 à 18 bouffées par jour, et j'en prenais de 2 à 4. À plus de 18 bouffées, là oui, j'aurais clairement été dans une démarche de dopage.

En équipe de France, personne ne savait vraiment qui était sous autorisation thérapeutique. D'autres y avaient également eu recours, mais je l'apprendrai bien plus tard. D'après les informations révélées dans la presse en 2016, à la suite du piratage des données de l'AMA (Agence mondiale antidopage) par un groupe de hackers russes, on apprenait que le vice-champion olympique du relais 4 x 100 mètres à Rio, Fabien Gilot, s'était fait injecter de la prednisolone (un stéroïde) pendant trois jours en juillet 2009, juste avant les Championnats du monde de Rome. Je n'y ai pas accordé plus d'importance et n'ai jamais abordé le sujet avec lui. Je cite cet exemple paru dans la presse sans juger aucunement mon co-équipier.

L'histoire de César Cielo en 2011 fut bien plus grave. Le Brésilien, un de mes adversaires les plus coriaces, avait, lui, été contrôlé positif dans une histoire rocambolesque. Jugez plutôt sa ligne de défense : il avait déclaré prendre des compléments alimentaires et avait argué qu'ils étaient fabriqués dans un laboratoire où étaient également fabriqués des produits dopants. Et à cause de la chaîne de fabrication, les produits décelés lors de son contrôle positif s'étaient retrouvés dans ses compléments. Quel malheureux hasard ! Il fut suspendu provisoirement, puis blanchi par le Tribunal arbitral du sport (TAS) quelques jours avant les Mondiaux de Shanghai 2011. Heureux timing, heureux hasard et deux médailles d'or à l'arrivée (50 mètres nage libre et 50 mètres papillon). Pourquoi évoquer son cas dans ce livre ? Lors du 50 mètres nage libre, j'avais fini troisième, à quatre dixièmes du Brésilien… Et surtout, deux ans auparavant, il avait battu mon record du monde du 100 mètres… Était-il dopé à ce moment-là ? Aurais-je pu être champion du monde 2009 et garder mon record ? La suspicion était dans son sillage. En dehors des bassins, je ne l'appréciais pas particulièrement, je lui adressais rarement la parole. En chambre d'appel et sur le plot de départ, il était plutôt du genre à en rajouter, en se tapant notamment sur les pecs. Et de nombreux nageurs ne le portaient pas dans leur cœur. Lors de ses deux titres en Chine, certains spectateurs et athlètes l'avaient hué. Les magouilles de compléments alimentaires pollués aux produits dopants avaient du mal à passer.

Bien plus tard et encore plus médiatisée, l'affaire Sun Yang. En septembre 2018, lors d'un contrôle inopiné, le Chinois, spécialiste du 200 mètres aux 1 500 mètres nage libre, créa la plus grande polémique de l'histoire de la natation.

Après avoir été prélevé par des officiels, il détruisit son échantillon sanguin à coups de marteau, accusant les agents préleveurs de ne pas avoir respecté sa vie privée, en prenant des photos et vidéos à son domicile. Encore plus étrange, la FINA (Fédération internationale de natation) invoquera un vice de forme dans cette procédure et ne sanctionnera pas le Chinois. En revanche, l'AMA (Agence mondiale antidopage), elle, décida de faire appel auprès du TAS (Tribunal arbitral du sport). Pendant toutes ces années, Sun Yang pourra même courir, remportant le 400 mètres nage libre des Championnats du monde

2019 à Gwangju (Corée du Sud) devant l'Australien Mack Horton, qui manifestera sa colère et son désarroi en boycottant le podium. Comble de l'histoire, l'Australien sera sanctionné d'un avertissement par la FINA. Un autre nageur, britannique, médaillé (bronze) lors du 200 mètres nage libre remporté également par Sun Yang, refusa aussi de lui serrer la main et boycotta le podium… Ce qui énerva le Chinois, on croit rêver !

En 2020, le Tribunal arbitral du sport rendit son verdict et suspendit Sun Yang huit ans, la peine maximale. Mais le Chinois contre-attaqua et le Tribunal fédéral suisse finit par annuler la décision du TAS, notant que l'un des trois juges ne présentait pas tous les gages d'impartialité. Une suspension de quatre ans et trois mois du nageur chinois (à partir du 28 février 2020) fut finalement officialisée le 22 juin 2021 par le TAS.

Malgré toutes ces affaires, naïf ou pas, je reste convaincu que le dopage n'est pas très répandu dans notre sport. Je saluerai toute ma vie le courage des athlètes s'opposant aux dérives machiavéliques des tricheurs. Cielo et Yang sont des cas avérés qui m'écœurent, avec des lignes de défense à coups d'avocats grassement payés pour défendre l'indéfendable, au mépris de toute

valeur. Mais tout cela n'est-il pas le reflet d'une partie de la société prête à s'asseoir sur l'éthique pourvu que la gloire et l'argent soient au rendez-vous ?

Dans l'eau, afin de nager plus vite, certains ont ingurgité des produits interdits et d'autres ont utilisé la technologie pour gravir les échelons. De quoi est-il question ? Des combinaisons en polyuréthane, vrai progrès ou dopage technologique ? De seize à vingt-cinq ans, j'ai toujours eu l'habitude de nager en combinaison classique. Mais en 2008, Jaked, une marque italienne, a développé une combinaison 100 % polyuréthane (totalement imperméable).

À l'époque, j'étais sous contrat avec Speedo qui avait choisi une stratégie différente en développant une « combi » composée seulement à 50 % de polyuréthane... Le développement se fit en collaboration avec la NASA pour étudier la mécanique des fluides et optimiser la réduction des traînées sous l'eau.

Les équipementiers représentant la principale source de revenus des nageurs, ce fut une joyeuse mêlée. Avoir un contrat avec l'équipementier qui développait la meilleure combinaison vous faisait nager plus vite. Les valeurs fondamentales de technique et de travail n'avaient plus cours. De nombreux nageurs ont lâché leurs équipementiers traditionnels pour un contrat avec Jaked et sa combi ultrarapide !

En 2009, j'étais au sommet de ma carrière et je suis passé chez Arena avec qui j'ai collaboré pour le développement de leur nouvelle combinaison... En 2009, avec ma nouvelle combinaison 100 % polyuréthane, j'ai battu le record du monde du 100 mètres (en moins de 47"), mais il ne fut pas homologué... La réglementation changea quelques semaines plus tard et César Cielo battit, lui, mon record de trois centièmes (46"91 contre 46"94) avec une combinaison comparable à la mienne, mais avec quelques bandes d'un autre tissu que le polyuréthane pour satisfaire le règlement. Il a vu son record homologué, *no comment...*

Ces combinaisons 2.0 ont finalement été interdites à partir du 31 décembre 2009, remplacées par un tissu perméable laissant passer autant de quantité d'eau que d'air. Mais plus important, la surface de tissu doit désormais respecter des normes strictes :

– le maillot ne doit pas aller au-dessus du nombril et ne pas descendre au-dessous des genoux pour les hommes ;

– le maillot ne doit pas couvrir le cou ni aller au-delà des épaules et au-dessous des genoux pour les femmes.

À déjà vingt-six ans, j'eus un peu de mal à m'adapter à cette nouvelle donne, ce qui ne fut pas le cas des jeunes nageurs de dix-huit ans en perpétuelle construction. Pas simple, cela sonna le glas de mes espoirs de nager sous les 47 secondes.

Cette évolution technologique de notre sport fut donc un grand ratage. Les skieurs ne skient plus avec des skis en bois, les tennismen ne jouent plus avec des raquettes des années 1980, mais nous, nous sommes presque revenus au boxer de nos aînés.

Pendant cette période d'allers-retours technologiques, je me sentais épuisé, érodé par toutes ces années d'entraînement, et aussi par toutes ces opérations extrasportives (sponsors – presse – partenariat) qui occupaient une place de plus en plus importante, impactant ma récupération.

Bien conscient de ma lassitude, Denis Auguin me proposa d'aménager mon planning d'entraînement afin de m'aérer l'esprit, de reprendre des forces en vue des JO de Londres 2012. Je prenais de moins en moins de plaisir dans l'eau et j'avais vraiment besoin de cette coupure. Enfin, une petite coupure car je suis passé de dix à six entraînements hebdomadaires de septembre 2009 à janvier 2010.

La force de Denis fut d'avoir su adapter mon rythme à mon état physique et mental. S'il avait fait preuve de rigidité, cela se serait peut-être terminé comme dans les couples Lucas-Manaudou et Agnel-Pellerin. Contrairement à ces deux ruptures, l'écoute et l'accompagnement de mon entraîneur furent capitaux pour la suite et la fin de ma carrière. S'il n'avait pas à ce point fait preuve de bons sens, j'aurais à coup sûr explosé en vol, entre sollicitations médiatiques, usure mentale et cette soudaine complexité de gestion extrasportive.

Faute de communication, du jour au lendemain, Yannick Agnel décida de rompre avec son coach. Le champion olympique du 200 mètres nage libre avait certainement besoin de souffler, tout comme moi et Fabrice Pellerin ne lui a pas octroyé ce temps de repos. La natation est ingrate mais paradoxalement merveilleuse. Tu souffres 90 % du temps et en profites 10 % dans l'eau… Ces 10 % où tu parviens à transformer cette souffrance en performance, à être fort et fluide. D'où une forme d'usure chez la grande majorité des nageurs.

Ma médaille d'or olympique à Pékin en 2008, remportée avec onze centièmes d'avance au 100 mètres nage libre. © Al Bello / Getty Images AsiaPac / Getty Images via AFP

À Budapest, aux championnats d'Europe 2010, sur le podium avec la médaille d'or sur 100 mètres nage libre, aux côtés de mon compatriote William Meynard.
© ATTILA KISBENEDEK / AFP

À la piscine Tournesol d'Aubagne où j'ai débuté et qui porte maintenant mon nom.
Avec mes copains nous soulevons la coupe du relais 4 nages. Christophe Brun, toujours mon meilleur ami, est tout à gauche. Je suis tout à droite.

Avec Jacky, qui m'a appris à nager et m'a donné goût à la natation. Je suis le deuxième en partant de la gauche, debout.

En pleine discussion avec mon entraîneur Denis Auguin à Antibes, en 2009. Ensemble nous sommes devenus de plus en plus complices.

En 2008, j'ai signé un contrat de cinq ans avec la gendarmerie en tant que gendarme adjoint volontaire. L'institution a soutenu ma carrière de sportif de haut niveau.

En 2009, au sommet de ma carrière, j'ai collaboré avec Arena sur le développement d'une nouvelle combinaison. J'ai battu le record du 100 mètres mais il ne fut pas homologué. © ALBERTO PIZZOLI / AFP

Yannick Agnel, Fabien Gilot, et moi célébrons notre victoire au 4 X 100 mètres nage libre à Dubaï en 2010. © PATRICK BAZ / AFP

Je me prépare avant la finale des championnats d'Europe, à Budapest, en 2010.

© DANIEL MIHAILESCU / AFP

Aux Jeux Olympiques de Londres en 2012, je soutiens mes amis handballeurs avec Coralie Balmy.
© CHRISTOPHE SIMON / AFP

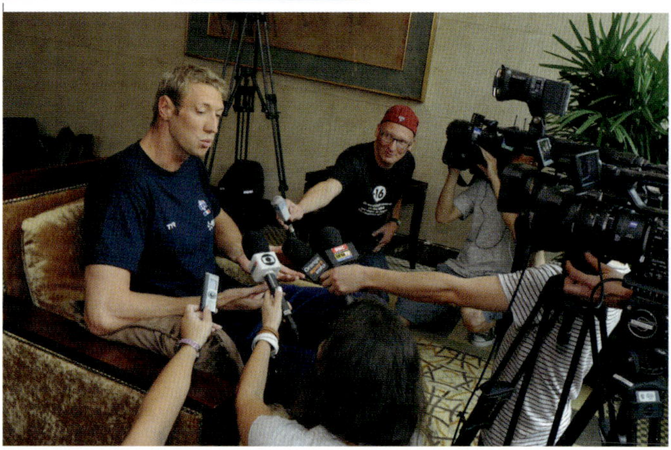

En 2011, à Shangaï, conférence de presse avant les championnats du monde.
© MARK RALSTON / AFP

À l'Open EDF, avant la course, en juin 2008.
© MARTIN BUREAU / AFP

Au Lac de Sainte-Croix, après le premier confinement, retrouvailles avec toute la famille : ma maman à gauche, mes deux neveux Loann et Yannis, ma sœur Sandrine avec Dominique, ma femme Faustine au milieu, ma nièce Neïla et ma sœur Christine, à côté de moi.

vec Jacky à gauche, David Keraudren, Émile Bonifay, notre entraîneur d'Aubagne, et Christophe Brun.

En voiture, en octobre 2007, sur la Gold Coast en Australie : Denis, Boris Steimetz avec lequel je m'entraînais à Antibes, Christophe Cozzolino notre kiné et, cachée dernière moi, Mylène Lazare.

Patrick Leroux mon avocat, Roland Trabariers qui travaillait avec moi sur la communication, et Robert Leroux mon agent.

Petit moment de complicité avec David et Christophe.

Après avoir reçu la Légion d'honneur en 2009 avec la gendarmerie, en mars 2013 je suis décoré de la Médaille de l'Ordre national du mérite par le président François Hollande.

© MIGUEL MEDINA / POOL / AFP

Avec Laure Manaudou et Gaël Monfils, en 2008, lors de la visite du président Nicolas Sarkozy au village Olympique de Pékin. © THOMAS COEX / AFP POOL / AFP

Avec Roxana Maracineanu, vice-championne olympique du 200 mètres dos en 2000, et actuelle ministre des Sports.

Daniel Fontaine, le maire d'Aubagne, lors de l'inauguratio
de la piscine qui porte mon nom, en 2008.

© Icon Sport

En vacances, en mode randonnée, avec Faustine, la femme de ma vie.

Nous avons célébré notre union en août 2020.

À Fort Lauderdale, en Floride, au Hall of Fame de la natation (ISHOF), en 2017, où j'ai été intronisé.

Je suis ravi d'avoir pu partager ce moment avec ma femme.

Au Cercle des Nageurs d'Antibes, un moment de partage comme je les aime avec les jeunes lors des stages que j'anime.

Dans mes activités de reconversion, je participe à la conception de centres aquatiques et j'ai plaisir à partager mon expérience lors de conférences.

En 2018, inauguration d'une piscine à Luynes, en présence du maire, Bertrand Ritouret.

Pendant cette dernière séquence de ma carrière, j'ai moins travaillé le foncier et avec l'arrêt des combinaisons, j'ai dû relever un nouveau défi technique. Malgré tous ces changements, j'ai signé la meilleure performance mondiale de l'année et me suis qualifié pour les Championnats d'Europe de Budapest 2010, où je m'imposerai sur 100 mètres nage libre, une victoire d'un cheveu, de trois centièmes, qui va me donner un second souffle pour la deuxième partie de cette olympiade et envisager avec sérénité les derniers efforts de ma carrière.

Évidemment, j'étais un peu déçu de mon temps (48"5 loin des 46"94), mais je nageais désormais en shorty… J'avais du mal à m'y faire, une seconde et demie plus lent qu'en combinaison. La fin d'une époque… Budapest 2010 vit surtout l'arrivée dans les bassins de la génération en or de la natation tricolore. Talentueuse et effrontée. Bienvenue dans un nouveau monde, entre médailles, amours, strass et stars, digne d'une série à succès.

Chapitre V

Équipe de France : amitiés, déceptions et coulisses (acte II)

Rarement la natation française n'aura réuni autant de grands nageurs dans une même génération. Camille Lacourt, Yannick Agnel, Florent Manaudou, la tendre et regrettée Camille Muffat, autant de forts caractères à la hauteur de leur talent... Ce fut certainement la plus belle équipe de France de tous les temps mais en interne régnait une ambiance bien moins amicale qu'il n'y paraissait. Accrochages, règlements de comptes, individualisme exacerbé, ce que vous allez lire ici n'a jamais été dévoilé, et révèle une autre image de l'équipe où les luttes d'ego prendront le pas sur l'intérêt collectif. Loin de moi l'envie d'accabler des nageurs en particulier, mais plutôt une gouvernance calamiteuse qui aura des répercussions sur l'ensemble d'une génération. À l'image de mon ouvrage, je souhaite me livrer ici en toute authenticité et sans langue de bois..

Après 2008, la gestion de l'équipe fut très compliquée… Les médias me présentaient comme le favori, le leader, la tête d'affiche, et c'est avec énormément de pression qu'il a fallu faire face… C'est à ce moment-là que Lacourt et Agnel ont débarqué en bleu. Deux nouveaux coéquipiers avec qui j'ai eu dès le début du mal à créer des affinités. Le feeling ne passait pas entre des « grandes gueules » confrontées à ma personnalité plus calme et posée, mais j'étais déterminé à conserver mon statut de leader.

Le premier épisode d'une série d'accrochages et de situations inattendues concerne Yannick Agnel, au moment de ses premiers pas en équipe de France lors des Championnats d'Europe de Budapest 2010. Alors que nous venions d'arriver à l'hôtel, Hugues Duboscq vint me voir, abasourdi : « Alain, il faut que je te raconte quelque chose. Une membre du staff est venue me voir pour me demander de laisser ma chambre à Yannick Agnel, sous prétexte que le lit était plus grand et adapté à sa morphologie. » « Ils n'ont pas osé te demander ça, pas à toi ? » lui ai-je demandé. Hugues est un type gentil, (mesurant près d'1m90 au passage), et ils ont joué de son caractère pour parvenir à leurs fins. Se seraient-ils permis la même chose avec un Bousquet, Leveaux ou moi-même ? Non, inenvisageable. Je lui demandai alors s'il avait accepté. Sa réponse fut tout à son image : « Oui car je n'ai pas envie de me prendre la tête et de créer d'histoires au sein de l'équipe ! »

J'étais estomaqué. Comment voulez-vous ensuite créer un esprit d'équipe en démarrant de la sorte ? Certes, Yannick avait un vrai potentiel, présenté comme la nouvelle pépite montante, tout jeune champion d'Europe Junior du 400 mètres nage libre, mais rien ne saurait justifier une telle attitude de la part d'un jeune homme de dix-huit ans face à un nageur aussi respecté et expérimenté, vice-champion du monde et triple médaillé olympique (100 et 200 brasse). Dans le monde du sport comme dans la vie, quel que soit le palmarès ou le sujet, ce genre de choses ne se fait pas, c'est ainsi, du moins c'est selon ces principes que j'ai été éduqué..

De mon côté, mes Championnats n'avaient pas bien démarré. Comme à Pékin, dernier relayeur du 4 x 100 nage libre, j'étais en tête au moment de m'élancer. Mais cette fois, je me suis raté complètement. Je m'en voulus sauvagement. Nous avons terminé deuxièmes derrière la Russie, ce qui aura des conséquences insoupçonnées.

D'un relais à un autre, du 4 x 100 nage libre au 4 x 100 4 nages (dos – brasse – papillon – crawl), un événement mit Denis Auguin dans tous ses états. Pendant la réunion technique du relais où sont conviés les entraîneurs des Français sélectionnés, le choix se fit assez facilement concernant les nageurs de dos, brasse et de papillon. En revanche, à propos du crawl, nous étions trois pour une seule place : les deux Marseillais William Meynard, Fabien Gilot et moi-même.

À Pékin, avec les Marseillais, l'ambiance n'avait déjà pas été exceptionnelle. Là, elle va se tendre encore un peu plus. À l'origine de l'engueulade, Romain Barnier (entraîneur de Gilot et Meynard) fit tout pour placer Fabien Gilot à ma place, alors que j'avais été de nouveau sacré Champion d'Europe sur 100 mètres individuel quelques jours auparavant.

Le comble, Barnier voulait placer Gilot et non Meynard, médaillé de bronze sur la distance reine.

Je n'avais rien contre Fabien, mais cela va détériorer notre relation, pris en otage par l'attitude de son entraîneur, et cela va mal se terminer. Romain Barnier m'attaqua sur mon niveau de performance lors de cette semaine de championnats alors que je venais de gagner la finale du 100 mètres ! Il était prêt à tout pour défendre les couleurs de son club et placer son petit protégé. En arrière-plan, il y avait aussi l'animosité entre Denis et lui, née de l'époque où l'on avait fortement encouragé mon entraîneur à quitter Marseille. Romain Barnier, ne doutant de rien, lança : « Alain n'est pas à son meilleur niveau et Fabien sera capable de faire mieux que lui. » Assez culotté pour un ex-nageur qui n'a jamais décroché de médailles mondiales et olympiques en individuel. Le sanguin Denis Auguin répliqua : « Si c'est comme ça, Alain ne nagera pas le relais ! » Et dans un excès de colère, il balança un verre d'eau à la figure de Romain Barnier, avant de quitter la pièce. Ce dernier en resta abasourdi, pétrifié tout comme les autres entraîneurs témoins de l'altercation.

Quelques minutes après, Denis Auguin vint me voir et me raconta la scène : « Alain, je suis désolé, j'ai pris une décision à ta place, et ce sera la dernière fois, mais je suis sorti de mes gonds. » Fabien Gilot nagea le relais à ma place et mes camarades du 4 x 100 le gagnèrent.

Vu la tournure des événements, je ne lui en veux pas plus que ça, compte tenu de mon état de forme, mais cela reflète cette ambiance pesante au sein de l'équipe de France qui sera malgré tout reçue plus tard à l'Élysée. Pour l'anecdote, le président Sarkozy nous accueillit en personne. Je l'avais déjà rencontré à Pékin dans le village olympique. Il faisait une chaleur de dingue et le chef de l'État, en costard-cravate comme si de rien n'était, fut souriant du début à la fin dans le bain de foule des nagueurs et autres athlètes tricolores. Il nous félicita collectivement et évoqua au passage les superbes audiences de nos courses sur France Télévisions.

À ce moment-là, le président de la FFN, Francis Luyce, l'interrompit maladroitement avec d'autres chiffres d'audience, encore plus flatteurs, ce qui eut le don d'agacer le président Sarkozy. « Ne me prenez pas pour un neuneu. Je connais les audiences », lui rétorqua avec autorité le chef de l'État. Dans l'assistance, ce fut un moment de gêne d'anthologie.

Malgré les ors de la République et la reconnaissance élyséenne, cette soudaine notoriété collective masqua une vraie rupture avec la génération précédente, celle qui m'avait tant apporté sportivement et humainement… Je ne me retrouvais pas dans les nouveaux comportements. Certes, les résultats n'ont jamais été aussi bons : la France finira en tête au classement des médailles (les hommes gagneront par exemple toutes les courses en nage libre du 50 mètres au 1 500 mètres, excepté le 200 car Yanick était passé à côté des sélections).

Ces Championnats d'Europe 2010 marquèrent l'émergence d'un dossiste, personnage à part qui contribuera à la visibilité de notre sport, personnage « people » qui aura des comportements désagréables à mon égard et avec qui je finirai par m'expliquer bien trop tard. Camille Lacourt remporta à Budapest trois médailles d'or et éclaboussa ainsi le monde de la natation avec ses chronos hors normes. Son cursus de formation et ses qualités techniques lui permirent d'arriver à maturité en Hongrie. Formé à Font-Romeu puis passé entre les mains de Philippe Lucas et ensuite du Cercle des Nageurs de Marseille, il exploita parfaitement sa taille (2 mètres) avec énormément de glisse et de force dans l'eau, dans un corps parfaitement taillé pour le dos (85 kilos). Pour comparaison, à ma grande époque, je pesais 90 kilos pour 1,96 m. Pour un dossiste, être plus léger a son importance comparé à un sprinteur.

À Budapest, j'avais été échaudé par les attitudes de Yannick Agnel et même si je n'avais aucun problème avec Camille Lacourt, son comportement clanique avec ses copains de Marseille et ses attitudes ultra-individualistes me déçurent et me travaillèrent… Une anecdote témoigne de son manque de respect pour le collectif : il arriva très en retard lors de la photo des médaillés, un moment fort et symbolique dont il se moquait. Cela créa des tensions et présagea un avenir compliqué avec moi, mais aussi avec d'autres nageurs et nageuses de l'équipe de France, Coralie Balmy et Hugues Duboscq notamment.

Il a peut-être pensé que j'étais jaloux de sa notoriété mais personnellement, cela ne me dérangeait absolument pas de partager avec lui et d'autres la visibilité médiatique bien au contraire ! En revanche, j'étais inquiet car je sentais que toute cette « hype » mal gérée allait nous faire du tort à plus ou moins brève échéance.

Un an après, alors que se profilaient les Championnats du monde de Shanghai 2011, mes craintes se vérifièrent malheureusement. Quelques semaines avant les Mondiaux, lors de l'Open de France, Yannick Agnel envisagea de boycotter le relais 4 x 100 mètres nage libre alors qu'il avait tant à nous apporter. Après l'affaire grotesque du lit trop petit qui en disait déjà beaucoup, Agnel nous abandonnait sportivement désormais. Le collectif ne l'intéressait pas outre mesure et cela se vérifiera en 2016 aux Jeux de Rio puisqu'il agira de la même manière en prétextant avoir pris froid.

Le petit monde de la natation tricolore était réuni à la Croix-Catelan. Face à la défection d'Agnel et au regard de mon statut, les journalistes vinrent me demander mon opinion. Vous imaginez bien ma réponse : « Dommage et égoïste. » Mais Camille Lacourt, absolument pas concerné par ce relais, vint quand même donner son avis, défendant son camarade Agnel, avec des mots immatures et déplacés : « C'est un peu l'hôpital qui se fout de la charité [en parlant de moi]. Il n'a pas à se mêler. Je n'ai pas trop envie de critiquer Alain mais il a eu des mots assez durs envers Yannick qui a eu le courage de dire qu'il ne veut pas participer au relais sans être à 100 % [le relais se tenant le même jour que le 400 mètres]. La presse, ce n'est pas le meilleur pour communiquer entre nous. On peut en discuter entre nous. Je ne fais pas partie de ce relais, je peux foutre la merde tranquille », clama Camille Lacourt.

Un mois avant le début des Championnats du monde, j'avais autre chose à faire que de perdre mon temps dans un ping-pong médiatique stérile. J'ai cherché à calmer le jeu pour le bien de toute l'équipe : « Je ne comprends pas ce qui se passe. On est à un mois des Championnats du monde et dans une période où tout le monde est à un état de forme différent, c'est dommage d'essayer de lancer des polémiques à des endroits où il n'y en a pas forcément. On m'a demandé mon avis sur la phrase de Yannick, je l'ai donné. Il n'y a aucune animosité dans ce que j'ai dit. Je pense que Yannick Agnel devrait faire le relais. Quoi qu'il arrive, sa décision sera la bonne. On fera un point en temps voulu. »

Le lendemain, quand tous les articles de presse sont sortis pour revenir sur l'affaire du relais, j'ai croisé Camille à l'hôtel, à la sortie du repas, et lui ai demandé des explications. Je n'avais pas envie de m'attarder, mais je ressentais le besoin de lui dire certaines choses en face : « Fais gaffe à ce que tu dis. Pourquoi tu as dit ça ? Occupe-toi de tes affaires et tout le monde s'en portera mieux. » Camille m'a répondu mi-figue mi-raisin : « Ce n'est pas ce que j'ai voulu dire. Je n'ai pas voulu dire ça comme ça. »

J'ai compris à ce moment-là que c'était peine perdue de s'expliquer avec lui, il ne pensait qu'à lui... Impossible de le raisonner. Je me résignais à devoir supporter ce type de comportements individualistes, préjudiciables pour l'ambiance au sein de l'équipe, voire de ses résultats.

Quelques semaines plus tard, les Championnats du monde démarrèrent pour moi avec une médaille d'argent dans le relais 4 x 100 mètres... sans Yannick Agnel. Des championnats qui resteront dans les mémoires tricolores pour le titre de co-champions du monde attribué à Camille Lacourt et Jérémy Stravius sur le 100 mètres dos, arrivés exactement dans le même temps. Avec deux Français titrés de la sorte, une première dans l'histoire de la natation tricolore, ce fut une magnifique photo à deux sur la plus haute marche du podium, une image de bonheur partagé par deux hommes que tout opposait.

Pendant cette séquence, les médias ont injustement mis en avant Lacourt le « beau gosse », « people », au détriment de Jérémy, jeune garçon adopté et plus effacé. Des années plus tard, et une fois sa carrière terminée, j'apprendrai officiellement son homosexualité dans un documentaire réalisé par Canal +. Dans le milieu, on s'en doutait, mais aucun d'entre nous n'avait osé aborder le sujet avec lui. S'il m'en avait parlé, je l'aurais écouté avec bienveillance et sans jugement aucun. Cela n'aurait rien changé à notre relation.

Bref, un antagonisme total entre les deux dossistes, et à l'arrivée du 100 dos, quand il s'est vu co-champion du monde, Lacourt donna l'impression de ne pas être aussi heureux que son compatriote.

Proche de Stravius, j'étais déçu qu'il ne récolte pas les fruits de cette médaille d'or et ne soit pas reconnu à sa juste valeur. Je reste persuadé que la très forte présence médiatique de Lacourt dans sa discipline l'a brimé, l'empêchant d'avoir une carrière à la hauteur de son talent.

Au-delà de cette atmosphère pesante, je réussis à sauver mes Championnats en décrochant une médaille de bronze sur le 50 mètres nage libre.

N'étant pas qualifié sur 100 mètres, c'est William Meynard qui reprit le flambeau avec une très belle médaille de bronze.

Pendant cette période post Pékin (2008-2012), l'ambiance au sein de l'équipe me pesait fortement et nuisait à mon épanouissement. Elle me rajoutait comme une pression supplémentaire sur les épaules.

Ma victoire en 2010 à Budapest pour trois centièmes m'avait rassuré sur ma capacité à rester le meilleur, mais en même temps, je me rendais compte que le doublé olympique 2008-2012 serait impossible à réaliser. Je commençais à accuser le coup de toutes ces années d'entraînement, de rigueur et d'exigences au quotidien. Pour les non-initiés, se résigner à perdre son titre olympique peut paraître incompréhensible, mais en 2012, j'allais arriver à Londres à vingt-neuf ans, avec une marge de progression quasi nulle. Au-delà de cela, on ne perd pas un titre : on n'en gagne pas un de plus, nuance... En 2008, j'étais à mon apogée, mais conserver ce niveau de performance m'était impossible. À Pékin, j'ai nagé 47"21 en finale des Jeux, en 2012, je ne nageais plus qu'autour de 48"5... Insuffisant face à la nouvelle génération qui arrivait avec les dents longues, prête à me succéder.

Mon record ultime, record du monde non validé par la FINA à Montpellier en 2009 (46"94) mais validé par la Fédération française de natation, n'était désormais plus atteignable sans combinaison. Je devais me centrer sur d'autres motivations et me focaliser sur le moyen de terminer ma carrière dignement.

Au-delà de ces considérations sportives, ces dernières années de carrière m'ont amené à fréquenter régulièrement certains journalistes. Dans l'ensemble, cela s'est bien passé car j'ai toujours été en phase avec moi-même, ne créant pas de personnage artificiel pour le grand public, à l'opposé de ma vraie personnalité. Une seule fois, en 2010, un article me resta en travers de la gorge. C'était juste après mon titre de Champion d'Europe du 100 mètres nage libre à Budapest, dans le journal *Le Monde*. Une phrase en particulier m'avait blessé : « En dominant la distance reine, Alain Bernard met fin à un désert sportif qui s'étire depuis son triomphe aux Jeux olympiques de Pékin en août 2008. »

Il aurait fallu peut-être expliquer à l'auteur de ce papier qu'entre-temps :

– J'avais battu le record du monde du 100 mètres nage libre en 46"94 (2009) ;

– J'étais devenu vice-champion du monde à Rome en individuel sur le 100 mètres nage libre en 2009 (derrière César Cielo qui s'est fait prendre par la patrouille peu après) ;

– J'avais terminé troisième de ces mêmes Mondiaux sur le relais 4 x 100 mètres nage libre ;

– J'avais réalisé la meilleure performance mondiale en shorty sur 100 mètres nage libre (2010).

Même dans mes moments les plus délicats, je me suis toujours évertué à répondre aux questions de la presse. Bien entendu, certains nageurs ont toujours adoré passer devant les caméras au plus haut de leur carrière, mais leur tournaient le dos dans les situations d'échec. L'exemple le plus frappant : après avoir été tout en haut de la vague, Laure Manaudou n'a pas ensuite été capable de prendre sur elle afin de s'expliquer lors de certaines déconvenues, snobant les journalistes. Tenter de se justifier quand les performances sont décevantes n'est certes pas chose aisée, mais cela fait partie du job. La visibilité médiatique doit être assumée quelles que soient les situations, dans un sens comme dans l'autre. Personnellement, j'ai eu à y faire face et j'ai toujours assumé pleinement et médiatiquement mes échecs. Il vaut mieux donner de la matière aux médias, plutôt que les laisser sans explications dans des situations de crise. Avec le temps, j'ai pu nouer une relation de confiance avec un cercle restreint de quatre ou cinq journalistes, quitte à leur donner des informations en « off » pour mieux expliquer mes contre-performances. Les journalistes qui m'ont le plus blessé sont ceux qui ne me connaissaient pas. J'ai pris conscience du pouvoir des médias en 2008, lors de mes deux médailles d'or et trois records du monde d'Eindhoven… Je suis arrivé quasi inconnu aux Pays-Bas et revenu en France avec un statut de nouvelle étoile, de nouveau leader de la natation française ! Rester poli, humble et courtois avec eux, tout simplement une question d'éducation.

Une interview, en revanche, m'a énormément choqué. Lors de Jeux de Londres 2012, à l'issue du 4 x 200 mètres nage libre où le beau relais français (Muffat, Bonnet, Balmy et Etienne) décrocha une brillante médaille de bronze, Nelson Monfort interrogea comme à son habitude les nageuses à la sortie du bassin. Personnellement, je n'ai jamais eu de problème avec lui. Sur la forme, il en fait souvent trop avec des questions à rallonge, ce qui a parfois le don d'agacer des athlètes. Tout le monde connaît Nelson et passer à son micro reste toujours un moment particulier. On ne sait jamais à quoi s'attendre et ma camarade du relais, Ophélie-Cyrielle Etienne, en fit les frais ce jour-là.

« Ophélie approchez ! Parce que nous aimons beaucoup votre sensibilité ! Vous avez souffert il y a un peu plus d'un an d'un deuil familial. J'imagine à qui vous souhaitez dédier cette médaille ce soir », lança Nelson Monfort… Gênée, interloquée pour ne pas dire déstabilisée par la question, Ophélie-Cyrielle Etienne lui répond avec dignité : « Oui… Euh… Voilà, des personnes qui ont contribué à cette réussite […] ne sont pas là pour la partager avec nous. Je pense à elles mais j'ai aussi envie de penser à tous ceux qui sont là, et toute ma famille qui est venue me supporter. » Même si je n'ai pas vu l'interview en direct, l'écho de cette interview déplacée fera le tour de toute la délégation tricolore comme une traînée de poudre. Je connaissais bien Ophélie-Cyrielle, une bonne coéquipière et amie proche de Coralie Balmy, avec qui j'étais alors en couple. Dans le village olympique, après cette polémique, je n'ai pas souhaité en rajouter et j'ai plutôt souhaité la féliciter pour sa superbe course. Neuf ans après, en regardant à nouveau cette vidéo, je me demande encore ce qui est passé par la tête du journaliste ce jour-là. En voyant la réaction très surprise de Camille Muffat présente pendant l'interview, je me rends encore plus compte du côté déplacé de la question posée.

Le relais avait obtenu le bronze en partie grâce à Camille Muffat, vingt-trois ans, dans la force de l'âge à Londres, championne olympique sur le 400 mètres. Huit ans après le sacre de Laure Manaudou sur la même distance, Camille exploita alors tout son potentiel sur cette olympiade. Camille Muffat avait nagé en 4'01"45 et Laure 4'05"34 en 2004 lors de la finale d'Athènes. Inutile de comparer les époques et surtout leurs nages si différentes, Laure plus en cadence, Camille plus en puissance et en glisse.

Cela reste un beau souvenir d'avoir fait partie de cette équipe et d'avoir pu côtoyer Camille dans les plus belles pages de sa carrière. À travers ces quelques lignes, j'aime me remémorer cette Camille conquérante et la meilleure du monde, contribuant grandement à la troisième place du 4 x 200 mètres.

De mon côté, j'avais abordé ces Jeux de Londres en sachant que ce serait ma dernière grande compétition internationale, un ultime défi plein d'adrénaline et d'excitation. J'étais moins performant mais j'avais toujours ma place en équipe de France. Non qualifié en individuel sur les 50 et 100 mètres nage libre, j'étais présent en Angleterre pour apporter ma contribution au sein du relais 4 x 100 mètres et effacer la déception de 2008. Notre objectif était clair : l'or, cette fois tous ensemble, pour prendre notre revanche dans une ambiance moins mauvaise qu'à Budapest. Cette fois, Agnel accepta de participer au relais, le gros plus qui nous amènera tout en haut du podium.

Dans le relais, les deux places de titulaire étaient déjà attribuées à Fabien Gilot et à Yannick Agnel. Nous étions donc quatre pour deux places : Amaury Leveaux, Clément Lefert, Jérémy Stravius et moi-même.

En série, je nageais bien (48"31) mais en gardais sous le coude pour la finale, si d'aventure je devais de nouveau nager le soir. Mais je n'y serai pas et garderai à vie le souvenir de ma dernière course de nageur de haut niveau. Alors que j'étais dans le bassin en train de faire ma récupération, je vis à une trentaine de mètres les entraîneurs de l'équipe de France discuter. Et à ce moment-là, je compris que ma carrière était terminée. Une fois la discussion des coachs achevée, Denis Auguin se rapprocha de moi. Je fis un dernier aller-retour en tentant d'apprécier chaque moment, comme s'il s'agissait du dernier.

Il y avait de la fierté et déjà de la nostalgie, avec un goût d'inachevé en tant que compétiteur qui aurait tant aimé disputer une dernière finale olympique. Je dus me plier à la règle et regarder mes camarades courir le soir sans Jérémy et moi. Figuraient finalement dans le relais Leveaux, Gilot, Lefert et Agnel. Le meilleur choix avait été fait. Je n'y étais pas et ne pouvais pas crier à l'injustice. Seul le résultat comptait et la victoire du relais le confirma. Quatre ans après la déception de Pékin, j'étais cette fois champion olympique du 4 x 100 mètres grâce à mes coéquipiers et notamment Clément Lefert avec qui j'étais en balance pour la dernière place de titulaire. Son chrono en 47"39 n'était sûrement pas à ma portée ce soir-là et je lui suis reconnaissant d'avoir nagé aussi vite. Finis les clans, les nageurs étaient bien plus solidaires. Le sacre historique devant les Américains fut d'une incroyable limpidité, paradoxalement dans un temps bien plus lent qu'à Pékin (3'09"93 contre 3'08"32).

Je n'étais plus la locomotive de la natation française, j'avais laissé la place à Yannick Agnel (deux médailles d'or et une en argent) et à Florent Manaudou (champion olympique sur le 50 mètres nage libre). Cela me convenait bien. Florent, je m'entendais très bien avec lui, et on se retrouva le lendemain de sa victoire au balcon de sa chambre. Je l'avais évidemment déjà félicité mais ce moment nous offrit une petite parenthèse de partage empreinte de respect l'un pour l'autre. Dans une forme de transmission, je lui dis : « Ce que tu as fait est juste énorme. Je suis trop content pour toi et te souhaite d'en revivre d'autres de la sorte. Et si tu as besoin de quoi que ce soit, n'hésite surtout pas. » Florent Manaudou répliqua d'une petite voix : « Merci, Alain. Tu as eu une carrière extraordinaire et je suis super content pour toi de te voir terminer avec l'or du relais. »

Pendant cette discussion, je ressentis de la fierté d'avoir inspiré à mon humble niveau un garçon de son talent. À vingt-neuf ans, j'avais vraiment l'impression d'avoir fait mon temps, face à ce jeune nageur de vingt ans, si brillant. À son âge, je n'avais même pas encore participé à des Championnats internationaux en grand bassin… Lui était déjà champion olympique, avec une fantastique carrière à construire. Au regard des performances de cette génération (sept médailles à Londres), j'étais autant fier que soulagé de finir sur cette dernière note dorée. Ma vie de nageur m'avait comblé au-delà de mes rêves les plus fous. J'allais enfin pouvoir profiter de mes proches, mis entre parenthèses depuis bien trop longtemps.

Chapitre VI

Paroles de proches

Dans ce chapitre, j'ai souhaité faire découvrir ma vie de tous les jours, mon univers et ma personnalité, à travers le regard de mes proches.

Vous connaissez mon parcours sportif, l'idée était de vous dévoiler l'autre facette de ma personnalité, en *inside*, au cœur de ma vie privée. Ma maman, ma femme, mes copains d'enfance et un *special guest* vous racontent leur Alain, à base d'anecdotes et de souvenirs jamais révélés. Derrière le nageur, la vie d'un homme presque comme les autres.

Éliane Bernard, ma maman

Racontez-nous un peu votre fils ?

C'est un battant et en plus un gentil, un homme serviable… Quand il était petit, il voulait être pompier. C'était bien ancré en lui. J'avais un voisin pompier, il lui offrait des magazines, des petites voitures… Et puis, bien vite, la natation a pris le dessus, mais je n'avais pas en tête qu'il devienne nageur à ce niveau. Je n'étais pas bloquée là-dessus.

Et quel rôle avez-vous joué dans son parcours sportif ?

Quand il a loupé les JO d'Athènes pour quelques centièmes, il m'a appelée et m'a dit : « Je ne vais pas aux Jeux. » Je me suis dit : « Il ne voit pas un peu trop haut là quand même ? »

Il avait des perspectives lointaines, très ambitieuses, mais finalement, c'était légitime au vu de ses résultats. Pour vous dire la vérité, je ne suivais pas ses performances de près. Je ne notais pas ses chronos, j'étais loin d'imaginer qu'il participerait un jour aux Jeux olympiques. Ses chronos, vous savez, comme ça changeait tout le temps… Quand il me téléphonait, je lui demandais « Quel temps tu as fait ? C'est bien,

Alain », même si lui pensait qu'il avait mal nagé. Je lui disais toujours que c'était bien pour l'encourager.

Et la finale de Pékin, vous vous en souvenez je présume…

On était dans mon village de 400, 500 habitants. Le maire de Châteauvieux, près de Gap, avait invité tout le village à venir voir la course. Et écoutez-moi bien, à 5 heures du matin, on ne l'a pas vu nager. On les a vus sur le plot de départ et soudain, c'était un écran noir. Le maire était dans tous ses états. Un journaliste avait mal branché un fil ou un câble. À la radio, on entendait « Il est champion olympique ». Oui mais qui ? On espérait tous que ce soit Alain. On n'osait pas y croire. Ce n'est pas possible avec tous ces champions en face de lui… Quand l'image est revenue, on a vu Alain dans les bras de Nelson Monfort et on a compris qu'il avait gagné.

Alain a d'ailleurs rencontré plus tard ce journaliste à cause de qui on n'avait pas pu voir la finale. Toutes les télés et les médias étaient là avec nous et pas de son, pas d'image alors que mon fils allait disputer sa première finale olympique !

Après la course, j'ai eu Denis Auguin au téléphone, Alain bien plus tard. C'était l'effervescence et j'ai laissé Alain dans sa bulle. Il était tellement pris de tous les côtés. Sa course, j'ai fini par la voir car à la télé, ils la repassaient en boucle. En direct, un journaliste raconta d'ailleurs à Alain : « Il paraît que vos parents n'ont pas vu votre 100 mètres en direct. » Et ça l'a fait rire. À chaque fois que je vois des vidéos de cette course, je revois l'écran noir de la salle des fêtes. Que d'émotions !

Vous avez eu mal pour lui à certains moments ?

C'était stressant et angoissant. Pour lui, et pour moi aussi. Avant la finale, j'étais tendue de voir tout ce monde dans la salle des fêtes. Cela m'a fait comprendre la dimension que prenait cet événement dans le village… et dans le pays. L'écran était coupé en deux. Il y avait Châteauvieux d'un côté et Pékin de l'autre… Ça faisait drôle. Avant la finale, je voyais qu'il était stressé à cause de la deuxième place de la France dans le relais. Il s'était pris la tête à deux mains. Il n'allait pas s'en relever, et finalement si.

Et le jour de l'accident d'hélicoptères, vous avez dû avoir la peur de votre vie…

Il m'a téléphoné tout de suite… On ne savait pas qui était décédé. Je l'ai eu avant de l'apprendre aux infos. Et il me disait : « Je ne sais pas. On ne sait rien.

Il y a de la fumée partout. » Il m'avait d'abord laissé un message mais mon téléphone était éteint. Quand il est rentré en France, je n'ai pas tout de suite vu qu'il était atteint. Et puis après, avec les obsèques de Camille Muffat, cela a été très dur.

Vous semblez très proche de votre fils. Quelles étaient ses relations avec son père ?

Mon mari était beaucoup plus réservé que moi, il ne se confiait pas, mais Alain aimait son père. Alain sera un autre type de papa. Quand il va à la rencontre des jeunes, avec les enfants, il est très à l'écoute de ces petits. Et il le sera avec ses enfants, c'est sûr.

Sur un autre plan, il a pris publiquement votre défense concernant les problèmes de santé que vous avez rencontrés... ***(La mère d'Alain Bernard souffre de douleurs récurrentes après une intervention chirurgicale interdite.)***

C'était important qu'il me défende et médiatise cette affaire. Une cimentoplastie discale, je ne savais pas ce que c'était, et j'en souffre encore. Toute cette histoire a été très médiatisée depuis qu'Alain a pris la parole, pour moi et tous les autres patients souffrant de cette opération.

Rassurez-moi, il a quand même quelques défauts ?

Il est têtu. C'est un taureau. Des défauts, je n'en vois pas trop. On ne parle pas des défauts hein ? *(Rires.)*

Alain Bernard

Le meilleur conseil que m'ont donné mes parents, c'est justement de ne pas m'en donner pour nager ! Ils m'ont inscrit aux cours de natation pour que je sache nager et ensuite j'ai suivi les traces de mes sœurs inscrites à Aubagne natation. L'emplacement de la piscine tout proche de chez nous a été un élément facilitateur. Ils ont toujours été présents mais jamais étouffants et je n'ai jamais ressenti quelque pression que ce soit de leur part. En grandissant, cela m'a donné la force de leur prouver que tout ce temps passé à l'entraînement, en stage et en compétition loin d'eux, n'était pas vain : la meilleure façon était de réussir mon parcours et de leur rapporter la plus belle des médailles. Cela s'est fait non sans mal. Quand j'ai échoué à me qualifier pour les JO d'Athènes à la suite d'une toxoplasmose et d'une mononucléose, ils m'ont toujours soutenu dans mon projet. Même si je leur en ai fait baver par mon comportement turbulent au collège et au lycée, je voulais leur montrer que je valais mieux que ça. À l'issue de ma première année de seconde, ils ont en effet été convoqués à mes côtés dans le bureau de la proviseure du lycée qui ne voulait pas que je redouble. Elle souhaitait me réorienter en filière professionnelle. Je n'étais pas fier de les mettre dans une telle situation mais j'ai tout fait pour obtenir mon baccalauréat scientifique et leur prouver que j'en étais capable, tout comme la suite, mon projet sportif et olympique.

Après l'accident de *Dropped*, j'ai pris conscience que je leur avais occasionné la peur de leur vie et cela m'a beaucoup fait culpabiliser.

Je dois tout à mes parents et mes sœurs qui, au travers de leur soutien, m'ont laissé le choix de réaliser mon rêve. Je serai toujours là pour elles quoi qu'il arrive.

Tony Estanguet, président du Comité d'organisation Paris 2024, triple champion olympique et proche d'Alain Bernard

Le jour où il a été champion olympique sur 100 mètres…

J'étais aussi sur place à Pékin. Je venais de finir mon épreuve, neuvième… Forcément, j'étais terriblement déçu, dans le dur, et c'est vrai que son titre fait partie des moments qui m'ont marqué. Il y en a eu trois en Chine lors de cette édition ; la victoire d'Alain, celle de l'équipe de France de hand et le sacre d'Usain Bolt.

Cette victoire sur le 100 mètres nage libre, il y a quand même des disciplines plus importantes que d'autres, même si le président de Paris 2024 niera vous l'avoir dit. *(Rires.)* Des épreuves mythiques, et l'or dans l'épreuve reine de la natation en fait partie, une perf historique. Cela nous a tous fait du bien de voir Alain gagner.

Sa personnalité…

Au-delà de la performance, il y a chez Alain ce côté simple, accessible. Le champion qui gagne, c'est très bien, mais celui qui a l'air chouette, c'est encore mieux.

Avec Alain, on s'entend très bien. On a réussi à gagner des médailles mais il n'y a pas que ça qui compte. Il est engagé dans le sport, dans nos territoires, engagé auprès de ses sponsors et inspirant.

Chez Bolt, c'est un peu pareil. Le mec, il se marre, incarne une forme de sport qui fait rêver et le rend accessible. On était dans la même *team* chez l'un de nos partenaires, chez EDF, et dans des collectifs d'athlètes, Alain est très à l'aise. Le 100 mètres nage libre est pourtant très individuel, mais il sait rester proche des gens. On avait des réunions du *team* où étaient présentes plusieurs générations.

Lui et moi, on était un peu les deux vieux lors des JO de Londres, mais cela ne l'empêchait pas d'aller vers les jeunes, de leur donner des conseils, de les chambrer également. *(Rires.)* Il n'était pas en mode : « C'est moi Alain Bernard, c'est moi le leader du groupe, respectez-moi. » À l'inverse, il allait beaucoup vers les autres, il les mettait à l'aise.

La place du titre olympique d'Alain Bernard dans l'histoire du sport français…

Si c'est plus fort que moi ? Il est très bien situé, tout en haut. Je n'ai jamais trop aimé hiérarchiser.

On a tous la même envie, la même détermination, que ce soit dans le canoë, le hand, la natation… Après, il y a des sports où il y a plus d'argent, plus de supporters, mais sa performance, elle est dingue. Et à plusieurs, ils ont contribué à emmener toute une génération. Laure Manaudou a été la première à montrer la voie, puis le 4 x 100 mètres, tout ce groupe, et Alain, le premier à gagner le 100 mètres nage libre !

Dans l'imaginaire collectif, je ne sais pas, mais à mes yeux, son sacre à Pékin a la même importance qu'une victoire de la France en Coupe du monde de football… Le premier à le faire, le fruit de son talent, de son travail, et à ne jamais banaliser. Vous savez, si vous faites des sondages, rien que pour savoir quelle victoire a le plus marqué les Français, la Coupe du monde de foot 1998 ou 2018, vous n'aurez pas les mêmes scores. On a tous une relation différente aux performances, mais on sait tous que la perf d'Alain Bernard restera dans l'Histoire.

La place qu'il occupe dans le cadre de Paris 2024…

Il est hyper engagé auprès de nous et fait partie de cette communauté d'athlètes impliqués depuis la première heure. Quand si peu de gens croyaient en nous, il a fait partie de ceux qui ont cherché à convaincre les fédérations, donner une âme sportive à ce projet.

Depuis l'attribution des Jeux à Paris, dans le cadre d'un programme « la semaine olympique et paralympique dans les écoles », Alain va régulièrement à la rencontre des enfants. Pendant une heure, c'est un mix de pratique d'activités sportives avec les petits et d'échanges en classe. « C'est quoi les JO ? Pourquoi il faut faire du sport ? » Comme les 300 autres champions français, Alain répond à leurs questions et les enfants sont ravis ! Et puis il est toujours là, tu peux compter sur lui.

De temps en temps, il m'appelle. « Tony, j'ai une idée sur les médailles des Jeux, une idée sur l'environnemental, comment réduire les pertes énergétiques autour des piscines… » Et le tout de manière complètement désintéressée. Alain, c'est ça : passionné par le sport et les JO.

Alain Bernard

Tony a construit sa carrière à travers une détermination à toute épreuve. Passé lui aussi par des déceptions, il a su rebondir pour retrouver l'or olympique à Londres en 2012. C'est peut-être ça aussi le langage entre sportifs : on se comprend au travers d'épreuves similaires vécues. Alors oui, vous me direz que ce n'est pas comparable et que sa carrière internationale est plus longue que la mienne mais au-delà du temps, ce sont les épreuves traversées qui nous forgent. Il est vrai que j'essaie d'apporter des idées à Tony sur l'organisation des Jeux en France et il prend toujours le temps de me répondre et de me réorienter vers les personnes en charge du projet malgré son emploi du temps surchargé. Je suis bien évidemment impliqué bénévolement pour prêcher la bonne parole de l'organisation des JO et des Jeux paralympiques de Paris 2024 mais c'est avec conviction que je le fais, persuadé que l'impact sur notre société ne peut être que positif ! C'est la chance d'une vie de pouvoir accueillir le monde du sport chez nous et d'inciter nos concitoyens à pratiquer du sport pour être en meilleure santé, sur une durée plus longue.

Si j'ai cru en mes rêves et que j'ai réussi à concrétiser mes efforts, c'est aussi parce que des champions m'ont fait rêver plus jeune, la finale de la Coupe du monde m'a rendu encore plus fier d'être Français. Je n'ai cessé d'aimer ce drapeau tricolore depuis mes quinze ans, un certain 12 juillet 1998.

C'est à notre tour d'apporter de l'eau au moulin pour accompagner nos futures générations vers les plus hauts sommets de l'Olympe, il y fait bon vivre je vous l'assure, n'est-ce pas, Tony ?

Robert Leroux, agent d'Alain Bernard à partir de 2007 (communication, relations presse et partenariat)

Alain Bernard, facile ou difficile à gérer ?

Très facile parce que c'est une belle et bonne personne, bien élevée, ponctuelle, intelligente. Et puis, c'est quelqu'un qui veut comprendre, posant toujours des questions. On fait des choses mais on les explique. Pourquoi on va faire ça ? Pour une émission people, sans l'être, sur la 6, pas les *Marseillais à Miami*, on va poser tes jalons. Là, c'est ma vive privée, on ferme, et puis là, je m'ouvre.

Quel était votre mode de fonctionnement ?

Assez simple sur la base d'une feuille de route. Alain avait réalisé ses records du monde un peu avant les JO 2008, et là, les demandes ont explosé. Moi, j'étais le premier filtre pour lui dire ce qui me semblait judicieux en termes d'image et de contenu, ce qui était réalisable sur le plan logistique.

À un moment donné, nous recevions un paquet de propositions. J'avais besoin de trois batteries de téléphone par jour... Cela venait de tous les côtés avant les JO de Pékin. Il fallait en faire un peu pour ne pas tout fermer, et le préserver dans le même temps...

Il était gendarme adjoint volontaire. Heureusement que le général qui le gérait comprenait le sport car il y avait régulièrement des invitations d'antennes de gendarmerie pour la fête de machin et bidule. Pas possible…

Des opérations loufoques genre people, on rentre chez vous le matin et on vous suit la journée, c'était niet. Je ne citerai pas les chaînes.

Comment avez-vous géré l'après-Pékin ?

C'était un travail d'équipe avec Denis Auguin et Alain. Facile de gérer quand on gagne. Mon job était clair : Alain est un champion, OK, mais mon travail était de montrer le bon mec, et faire des opérations presse qui avaient du sens. Il a notamment fait les JT de 13 heures sur TF1 et France 2, et parfois dans des situations atypiques à l'image de ce reportage où il pilotait un petit avion avec des journalistes à bord… Aller au-delà de la simple publicité, ne pas le transformer en pancarte publicitaire.

De quelle opération êtes-vous le plus fier ?

La toute première. Avant les JO 2008, fin 2007, Denis avait une voiture qui ne démarrait pas, une Rover, et Alain était à moto. Hors de question qu'il se blesse à quelques mois des Jeux, nous décidons d'acheter une voiture à Alain.

Je deale donc à l'ancienne, en tapant dans la main, un partenariat avec Lexus. Alain aura une Lexus à Antibes et une autre à Paris. Dans le deal, il y avait aussi une Prius pour Denis. Quelques semaines plus tard, je suis contacté par une autre marque qui lui offrait 50 000 euros par an plus une voiture par an. Un contrat de quatre ans. « Alain, voilà, c'est bien, on a Lexus mais on n'a pas signé de contrat. Et on a donc cette autre offre. »

Alain me dit, gêné : « On a donné notre parole à Lexus. » C'est exactement ce que j'espérais mais je ne pouvais pas le dire. Un homme de parole... On a aussi refusé pas mal de propositions avec plein de 0.

Concernant *Dropped*, comment l'avez-vous accompagné ?

On a tous cru qu'il était mort. L'un de vos confrères m'appelle : un hélico s'est crashé... On commençait à stresser. On l'a appris vers 23 heures et Alain m'a appelé à 2 heures du matin. J'ai joué mon rôle de conseiller en lui donnant deux ou trois infos. Tous les médias étaient là, Candeloro voulait montrer sa bobine et Alain était défait. Il faut bien rappeler que c'est Alain qui a rapporté le sac des affaires de Camille Muffat à ses parents. Moi, j'ai été le récupérer à son arrivée au Bourget avec des paparazzis partout. Ce fut un moment très lourd.

Alain Bernard

Robert a su m'accompagner avec tout le discernement nécessaire dans cette phase critique de l'après-JO. Son expérience acquise en tant que sportif de haut niveau (médaillé en escrime aux JO d'Atlanta) et son côté « déconneur » m'ont mis tout de suite à l'aise. J'en reviens à mon contrat avec la gendarmerie : j'ai pu bénéficier d'un accompagnement à partir de 2008. Un contrat de cinq ans avec l'institution me permettait d'assurer une stabilité financière mais pas uniquement. J'avais dans un coin de la tête une possible reconversion au sein de la gendarmerie. J'ai appris à découvrir des militaires, hommes et femmes engagés au service de notre pays et retrouver ainsi les valeurs que j'ai toujours souhaité porter. Non je n'ai jamais effectué de contrôles routiers ou autres actions de terrain. Mon contrat était essentiellement lié à l'utilisation de mon image pour promouvoir les multiples métiers de ce corps d'armée. En contrepartie, je devais participer aux Championnats de natation militaires (France-Monde). J'y ai connu des personnes dévouées et malgré ma réussite au concours de l'École des sous-officiers dans le but d'intégrer une formation de pilote d'hélicoptère, j'ai choisi la voie de l'instabilité au profit de mon sport, m'attachant à rencontrer des jeunes dans les clubs de natation. J'ai aussi d'autres engagements associatifs me permettant de motiver différentes populations et leur dire que tout est possible quand on s'en donne les moyens. Même si les gendarmes ont donné du fil à retordre à Robert puisque j'étais sollicité de toutes parts, et en bas de l'échelle des grades, je me devais de répondre aux innombrables sollicitations !

David Keraudren, copain de jeunesse et ami éternel

Comment Alain était-il à l'école ?

Il était déjà grand et très fin, plus grand que nous de quinze centimètres au moins. Il avait toujours le sourire… Il y avait en fin d'année un carnaval à l'école et Alain s'était déguisé en Père Lustucru, cela nous avait bien fait rire… Moi, c'était en Pierrot la

Lune… Quand nous étions plus âgés, au collège, il avait déjà commencé à nager. Il était déjà très bon.

Le foot, en revanche, ce n'était pas ça. Dans nos matches de quartier, il jouait attaquant mais ne marquait jamais… Ses parents étaient très présents et l'ont toujours soutenu, accompagné.

Était-il déjà fort à ce point à la piscine d'Aubagne, dans son premier club ?

Nos entraîneurs avaient décelé un potentiel et il arrivait à faire de belles performances. Alain était bon dans toutes les nages, sauf en papillon. Il était déjà devant sur n'importe quelle distance, les courtes surtout, les longues étaient plus délicates. Il nous impressionnait dans l'eau par sa force, sa taille et sa technique. Et en plus, il était appliqué dans tous les mouvements, écoutait ce qu'on lui disait. Il a toujours eu envie de réussir. Il y a une part d'inné et de travail. Il était plus doué que nous, mais il a aussi gagné en muscles. Les autres nageurs d'Aubagne l'enviaient sûrement. Je ne sais pas s'ils en étaient jaloux car Alain se donnait beaucoup de mal, nageant deux fois par jour. Il s'entraînait beaucoup…

Et le jeune garçon, à quoi ressemblait-il psychologiquement ?

Très timide. Un été, il était venu avec moi en vacances dans ma famille, en Ardèche. J'avais des copines dans le coin. Il avait du mal à discuter avec elles, se retenait. Ce n'était pas quelqu'un qui allait draguer n'importe quelle fille… Nous, oui, nous étions plus à l'aise.

Alain, en fait, c'était un jeune sans histoires, ne cherchant pas les problèmes. Il était toujours là à s'amuser en soirée avec nous. À l'adolescence, lors d'une compétition à Vitrolles, nous avions eu un gros problème. On revenait du resto et il fallait traverser une cité pour rejoindre la piscine. Des jeunes nous avaient accostés et cela s'était terminé en bagarre. Alain était parti avec les filles du groupe alerter notre staff.

Quel copain était-il, et quel ami est-il devenu ?

Un ami, un vrai. En grandissant, il est parti à droite, à gauche, mais il nous est resté fidèle. Il est devenu parrain d'une de mes filles. J'ai deux amis pour la vie : Alain et Christophe. Christophe était aussi avec nous à Aubagne, dès la maternelle et nageait également. Christophe a d'ailleurs été lui aussi, comme moi, l'un des témoins de son mariage. Alain n'a jamais été people. Ses amis lui ont permis de garder les pieds sur terre, il n'a jamais pris la grosse tête. Après son titre de Pékin, nous étions partis en vacances à Hossegor… Les gens se retournaient dans la rue, et nous on était là pour le protéger. Oui il était connu, mais ce n'était pas le people qui allait rentrer dans un restaurant et dire : « Je veux cette table. » Il est resté Alain, celui que l'on a toujours connu. Humble et modeste.

Vous attendiez-vous à une aussi grande carrière ?

Il a été intelligent dans son parcours et a changé de club à chaque fois au bon moment. Alain a toujours su faire les bons choix. Il a d'abord connu un coach qui lui a appris à nager et avec qui il est resté adolescent. Puis, quand il a compris qu'Aubagne était devenu trop petit pour lui, il est parti pour grandir à Marseille, où il a rencontré Denis Auguin. Le déclic. Ils se sont si bien entendus.

Et le titre de Pékin…

J'avais mis le réveil, tout comme mes parents. À l'époque, j'avais arrêté la natation. J'ai commencé à regarder la course avec des frissons, la gorge serrée… Et puis les larmes de joie ont rapidement coulé, un tel souvenir… J'en frissonne encore. Les souvenirs de notre enfance commune ont alors ressurgi, une fierté. Il avait réussi, n'avait pas fait tous ces sacrifices pour rien. Au Cercle des Nageurs de Marseille, à Aubagne, nous avions des réunions où nous nous fixions toujours des objectifs, souvent le même : participer aux JO, être champions olympiques. Sa finale a été magnifique. Le lendemain, j'avais apporté des bouteilles de champagne au travail.

Alain Bernard

Le foot, en effet, ce n'était pas mon point fort même si j'aimais ça ! J'ai tanné ma mère pour faire du foot avec comme excuse de devenir gardien car je détestais courir. Quand David s'est inscrit au club de natation d'Aubagne, dans lequel j'avais mes repères depuis quelques années, il m'a surpris par sa capacité à enchaîner les longueurs avec une énergie débordante. Je me rappellerai toute ma vie ces moments partagés, en compagnie de Christophe, notre brasseur de l'équipe de relais de notre club. Un trio infernal à tel point que nos parents nous avaient séparés entre la maternelle et l'école primaire. Nous nous retrouvions quand même tous les soirs pour notre entraînement quotidien et comme si ça ne suffisait pas, on passait nos mercredis après-midi à faire du vélo, jouer à la console et prendre un gros goûter avant d'enchaîner l'entraînement qui ne durait qu'une heure ce jour-là. Un jour, nous avions eu la bonne ou mauvaise idée de nager avec un tee-shirt pour augmenter la résistance dans l'eau !

David a très bien résumé mon rapport aux filles et je resterai à jamais reconnaissant de l'accueil réservé par sa famille. C'est bien grâce à lui que j'ai tenté l'aventure du haut niveau. Malgré la déception de le voir s'éloigner des bassins en raison d'un souci de santé, il aura joué un rôle majeur car je n'aurais jamais trouvé le courage à quinze ans de me lever à 5 h 40 tous les matins, vu qu'il m'attendait pour aller plonger et enchaîner notre journée de cours.

Sinon, pas très courageux le garçon qui se défile à Vitrolles, trouvant la bonne excuse : protéger les filles lors d'une bagarre !

Denis Auguin, entraîneur historique d'Alain Bernard

Le jour de votre première rencontre

Fin août 1999… Je venais d'arriver au Cercle des Nageurs de Marseille et je vis un groupe d'entraînement devant moi. Je ne connaissais aucun nageur.

Il y en avait un qui dépassait par sa taille… C'est la première image que j'ai de lui, de ce jeune homme bien plus grand que les vingt-cinq autres. À seize ans, il faisait 1,93 mètre pour moins de 70 kilos. Il était très très fin.

Le plus doué de sa génération ?

Alain n'avait pas de prédispositions. Quand je l'ai vu plonger, je ne me suis pas dit : « Ah, là, j'ai un super nageur. » Sa plus grande force : sa capacité à progresser au fil des mois et des années.

Des garçons avaient plus de talent. Quand il a été champion olympique, cela a été une vraie satisfaction du travail accompli, d'une construction technique, biomécanique, physiologique. L'Alain que j'ai rencontré en 1999 n'aurait pas été capable dans sa structuration mentale de devenir champion olympique. Il était très introverti, pas à l'aise dans son corps, un peu malhabile… Neuf ans après, la même personne était capable de monter sur le plot et gagner le 100 mètres à Pékin. Waouh, quelle évolution ! Le sport l'a vraiment révélé en tant qu'homme et cela va bien au-delà de la performance sportive.

Votre plus grand souvenir

C'est dur. Trois moments. Le premier, Eindhoven 2008 où il bat les trois records du monde en trois jours, la compétition la plus facile de ma vie… Le Cercle des Nageurs de Lourdes *(rires)*, vu la facilité avec laquelle cela se faisait, de l'ordre du rêve.

Deuxième grand souvenir, la finale des Jeux. Aux 75 mètres, j'ai su qu'il avait gagné, avec une part d'égoïsme pendant 12, 13 secondes car j'étais le seul à savoir qu'il allait gagner… Ces 25 derniers mètres, je les ai savourés.

Dernier grand souvenir, la standing ovation lors de ses derniers Championnats de France en avril 2012. Il finit sa dernière course et sort de l'eau. Rien n'avait été préparé. D'un coup, la piscine s'est levée, scandant son nom et l'applaudissant. Il est resté dans le bassin cinq minutes, a fait ses interviews et a pris le micro… Aucun autre nageur français n'a reçu un tel hommage !

Le plus grand nageur français de l'Histoire ?

Oui. Hommes et femmes confondus. Les grands nageurs français ont tous à peu près le même profil avec un titre olympique en individuel, mais pour lui, on parle du 100 mètres nage libre. Il y a le 100 mètres en athlétisme et le 100 mètres nage libre en natation. Dans l'imaginaire collectif, il y a la Coupe du monde de football, le Tour de France et le titre de champion olympique du 100 mètres. Cela dépasse tout ce que l'on peut imaginer.

Votre plus mauvais souvenir…

Le déménagement de Marseille à Antibes ? Non, non. Un soulagement plutôt. Je n'ai pas de mauvais souvenir sportif. En dehors du cadre sportif, *Dropped* forcément, une nuit en enfer.

Ce soir-là, j'étais chez moi, tranquille. Vers 22 heures, le téléphone n'arrêtait pas de sonner. Je n'ai pas répondu tout de suite. Je me suis fait un film. « Machin s'est dopé, on veut mon avis. » Je m'imaginais quelque chose dans le genre… Et puis un rédacteur en chef de *L'Équipe* a insisté plusieurs fois et j'ai décroché.

« Denis, un hélico est tombé et on ne sait pas qui est dedans. » Cela a été très, très long. Alain était injoignable. Et puis il m'a envoyé un SMS et m'a appelé à 4 heures du matin.

Un double sentiment m'a envahi : un soulagement extrême pour Alain, et l'horreur car tu sais que les autres ne sont plus là. Les mois qui ont suivi, Alain n'était plus vraiment le même. Il s'est mis à sortir énormément, à avoir des comportements excessifs. Il buvait plus que d'habitude.

« Si je pars un jour en c…, Denis, dis-le-moi », m'a-t-il demandé un jour. C'était le moment d'intervenir. Je suis monté le voir, deux heures à discuter, à lui demander de se ressaisir. Je comprenais ses difficultés, mais cela ne pouvait pas continuer sur ce rythme avec des excès en tous genres. Camille Muffat, je ne l'ai pas entraînée, mais je la connaissais depuis toute petite. Avant de travailler à Marseille, je travaillais à Nice. Je suis un ami d'enfance de Fabrice Pellerin, son entraîneur. J'avais également été très touché pour Alexis Vastine.

Une anecdote inédite concernant votre relation…

J'avais un ordinateur qui me fatiguait… Je râlais toujours après mon portable. Un jour, après l'entraînement, il vient me voir au travail et dépose sur mon bureau un Mac tout neuf. Ça, c'est Alain. Il ne m'a rien dit, n'a rien demandé… Il m'a aussi cédé un pourcentage de ses parts dans sa société (en me forçant la main). Je ne sais pas si un autre athlète au monde l'a déjà fait. Quelle que soit la valeur financière, cela résume bien le personnage. Ça va au-delà.

Alain Bernard

La rencontre de ma vie ? C'est ce qu'on me demande souvent. Je ne saurais exprimer les sentiments que j'ai à son égard et malgré la distance personnelle entre nous durant toute ma carrière, nous avons appris à faire ressortir nos sentiments et nos émotions, alors que nous avions du mal à le faire dans nos familles respectives. Même si cela a pu nous porter préjudice par moments, je ne pourrai jamais regretter quoi que ce soit au regard des exaltations partagées. Se sentir vivant, c'est aussi prendre des risques. Durant les premières années, Denis écrivait des citations sur le tableau d'entraînement à l'approche des compétitions importantes. Un jour, il avait écrit : « Exister c'est insister. » Ça a résonné dans ma tête et m'a suivi tout au long de ces années.

Même si les premières années ont été difficiles au regard du niveau d'exigence qu'il m'imposait, je voyais en lui des traits de caractère de mon père, avec cette ténacité à toute épreuve. Il a su me responsabiliser et me faire grandir. On dit souvent que le chemin emprunté est plus important que le résultat, et cette double satisfaction, on peut se targuer de l'avoir accomplie ensemble. Deux humains hypersensibles dans cet environnement d'adversité permanente, de surcroît dans une discipline reine. Ses valeurs sont à la hauteur de tout ce que le sport peut représenter.

Aujourd'hui, nous partageons des moments beaucoup moins stressants et sommes présents l'un pour l'autre, en toutes circonstances. Même si notre aventure nous a demandé une énergie considérable, nous avançons ensemble dans nos défis respectifs avec le doux souvenir de ces épreuves passées, apaisés et reconnaissants du hasard de la vie qui a fait croiser nos chemins.

Nous continuons de nous voir très souvent. Nous discutons de tout et de rien, de ses projets au Cercle des Nageurs d'Antibes, de son rôle de chargé de mission auprès de la Fédération française de natation concernant la détection des jeunes nageurs dans toute la France… Son action a pour but de créer une dynamique collective et de dénicher les nageurs et nageuses pour les JO 2024 et 2028.

Il me sollicite régulièrement. J'essaie d'être d'aussi bon conseil qu'il l'a été pour moi. Il me demande souvent mon avis sur la politique sportive nationale à mettre en place. Il m'a par exemple demandé d'intervenir auprès de jeunes nageurs présents à Tokyo

(Léon Marchand et Yohann Ndoye). Il s'inspire de notre parcours dans sa quête des futurs champions.

Denis et moi, nous avons pas mal de petites habitudes, notamment celle du mois de mai, où je l'aide à nettoyer son bateau. Ah son bateau, son grand « kiff », sur lequel nous partons chaque été quelques jours…

Faustine Bernard, ma femme, avec laquelle je me suis marié le 21 août 2020…

Votre rencontre

Rires… Vous voulez sa version ou la mienne ? Nous nous sommes rencontrés pour la première fois par le biais d'un ami commun en 2015, à Paris. À l'époque, c'était compliqué pour nous deux. Difficile pour Alain *(cf. chapitre VII)* et aussi pour moi car j'étais retournée chez mes parents après une période affective compliquée.

À ce moment-là, j'avais des *a priori* sur lui : trop blagueur, trop avenant, un côté « jet set », flambeur… C'est la première impression que j'ai eue de lui… Moi, je cherchais une relation sérieuse, stable. Quoi qu'il en soit, nous avons passé une excellente soirée. Puis nous nous sommes perdus de vue, un an sans contact, mais secrètement (et étrangement), j'espérais qu'il me rappelle.

Plus de contact, très bien, bref, ce n'était pas le genre d'homme pour une petite casanière comme moi.

Ma vie sentimentale était assez creuse dans cette période. Je travaillais quasi exclusivement avec des hommes bien plus âgés que moi. Je ne suis pas du genre à enchaîner les soirées non plus. Bref, je ne trouvais personne. Je m'étais inscrite sur Meetic plus par dépit qu'autre chose, puis ma sœur m'a poussée à installer Tinder sur mon téléphone.

Une semaine après, mi-avril 2016, qui vois-je à quatre kilomètres de ma position ? Alain Bernard avec une photo de nageur ! Au début, j'ai cru à un *fake* (c'était tellement gros !) puis le doute : « Et si c'était vraiment lui ? » C'était quasiment un an jour pour jour après notre rencontre… Un coup de pouce du destin ?

Je l'ai liké et lui aussi, ça a matché ! Je ne sais même pas s'il avait fait le rapprochement avec la jeune femme rencontrée à Paris. J'étais à Lyon et j'avais décliné son invitation à prendre un café, à cause d'un problème d'emploi du temps, en lui disant « si je viens dans le sud, on se revoit ».

J'ai poursuivi mon expérience Tinder, décidée à trouver un homme de ma région – les histoires à distance j'ai suffisamment donné – et du même « monde » que moi. *(Rires.)* Fatalité ou coup du sort, j'ai sympathisé avec un homme que je pensais de Lyon. En réalité, il habitait à Nice… J'ai alors décidé de descendre sur la côte. J'ai prévenu Alain que je serais quelques jours dans le sud et que l'on pourrait enfin boire ce café. *(Rires.)* J'ai été transparente avec lui et je l'ai informé de la suite du programme me concernant. Après tout, chacun sa vie, lui-même avait ses histoires du moment. Nous nous sommes retrouvés en début d'après-midi pour un café qui s'est transformé en un après-midi entier de discussions, de confidences, de rires... Il a fait tomber sa carapace et j'ai enfin pu voir derrière le miroir un homme n'ayant pas trop confiance en lui. Et c'est ce qui m'a fait complètement craquer. Comment pouvais-je encore envisager de poursuivre mon séjour dans le sud sans lui ?

C'est qui Alain Bernard ?

Lors de notre première rencontre, j'étais allée sur Wikipédia car je ne le connaissais pas vraiment… *(Rires.)* Quand on s'est revus à Antibes, j'ai vu ses fragilités, quelqu'un de touchant, et je me suis retrouvée dans ses traits de caractère. Après ce formidable après-midi, j'ai finalement retrouvé mon autre rendez-vous Tinder. Nous nous sommes séparés à regret. Alain m'a déposée à Nice pour la suite du voyage en me lançant un romantique « on se rappelle ? ».

Je suis partie à la rencontre de mon autre rendez-vous galant mais je n'en avais plus du tout envie, j'ai compris que j'avais atteint le paroxysme du n'importe quoi. Évidemment, mon deuxième match n'a rien donné et je suis rentrée chez moi à Lyon. Je n'avais alors personne d'autre en tête que lui, Alain.

À la fin de ce week-end, nous avons commencé à nous appeler tous les jours. Tout cela a duré d'avril à mai 2016. Je sentais que je pouvais tomber amoureuse de lui, mais j'avais encore peur au fond de moi qu'il m'utilise et me jette. De toute façon, j'avais déjà été trop loin pour reculer.

Et puis le 25 mai, le jour de l'anniversaire de sa maman, il est venu me retrouver à Lyon. À la fin de la soirée, je me surprenais à fuir tous les moments de trop grande proximité, peur de plonger dans l'autre monde, alors que je venais tout juste de poser mes valises quelque part !

Moi 1,66 mètre et lui 1,96 mètre, je me suis perchée sur un petit muret pour être à sa taille, et nous nous sommes enfin embrassés. En mars 2017, nous avons emménagé ensemble à Antibes, mon seizième déménagement, mais le bon cette fois.

Son statut de champion olympique

J'éprouve de la fierté pour lui. Je suis si fière de lui, de sa persévérance, de son caractère combatif, de sa grande générosité et bienveillance en toute chose… Personnellement, je l'ai rencontré bien après sa période très médiatique (et heureusement !) car je n'aurais pas été sûre de pouvoir supporter cette pression. J'ai très souvent été dans son ombre, quand il m'emmenait dans différents événements, ce qui est bien normal. Le savoir et le vivre sont deux choses différentes.

Exister dans son ombre n'est pas toujours facile mais apporte aussi de formidables moments comme les voyages en Nouvelle-Calédonie, en Californie, des instants privilégiés comme nos vols en bonne compagnie, des soirées prestigieuses et bien d'autres rencontres marquantes. Je lui suis reconnaissante de pouvoir vivre tout cela.

Sa finale olympique à Pékin...

Je ne l'ai pas regardée en direct. À cette époque, je n'avais quasiment jamais regardé les JO... En août 2008 (pendant les Jeux de Pékin), je venais d'avoir mon permis et me préparais à un Master en communication. Ensuite, évidemment, je l'ai vue et revue cette finale. Je la connais par cœur désormais. J'en frissonne encore, je peux maintenant comprendre que le grand public soit impressionné. Les Français se sont levés à 4 heures du matin pour le regarder nager. Que d'émotions !

La vie au quotidien avec Alain Bernard...

Nous avons trouvé un bon équilibre avec des moments assez intenses, des aléas, des déplacements... Ce qui n'est pas toujours évident pour moi. De mon côté, je l'aide à se poser. Et notre quotidien est aussi ponctué de moments avec des routines où on joue à la PS4 jusque tard dans la nuit *(rires)*, où l'on regarde les étoiles, des moments simples et exaltants. La vie avec Alain, ce sont des montagnes russes, mais accompagnées de moments plus tranquilles également.

Le jour où vous aurez des enfants...

On les mettra à la natation... *(Rires.)* Je pense que

oui et ce sera touchant de le voir leur apprendre à nager. La suite logique ? Il ne les forcera pas. S'ils aiment, tant mieux. Nous voudrons les laisser faire ce dont ils auront envie, mais pas forcément d'en faire des champion(nes).

Alain Bernard

Mon amour, mon équilibre, ma fierté ! Merci, Faustine, pour tout ce que tu m'apportes, et même si je ne suis pas facile à convaincre quand il s'agit de souffler ou de prendre des vacances, je m'estime chanceux de pouvoir me reposer sur toi.

Faustine est arrivée dans ma vie au moment où je désespérais de trouver cet équilibre. Un don du ciel ! Je m'estime si chanceux d'avoir pu la connaître. Grâce à cette fameuse application de rencontre, la vie m'a encore fait un cadeau inestimable.

Ce livre me met à nu, moi qui ai toujours voulu faire la part des choses entre ma notoriété et ma vie personnelle. Mais il m'est impossible de vous partager mes sentiments et ma vie sans évoquer Faustine. Comme elle l'exprime si bien, je n'avais en effet pas confiance en moi. Le fait d'user des sites de rencontre me permettait d'éprouver la sincérité des personnes au travers des échanges. Après une période sans repères sentimentaux, avec des déceptions, Faustine est apparue comme une évidence. Lorsque j'ai su qu'elle attendait mon appel après notre première rencontre, je m'en suis voulu de ne pas avoir fait le premier pas. Et il y avait du boulot car cette femme charmante, pétillante et pleine d'énergie me considérait à l'origine comme un sportif tombeur. Elle n'avait pas encore décelé mon côté sentimental et hypersensible.

Le fait qu'elle ne me connaissait pas plus que ça à travers les médias m'a tout de suite rassuré et c'est non sans mal que j'ai réussi à la conquérir. J'ai su très rapidement que c'était la femme de ma vie. Le plus angoissant était de savoir si c'était réciproque...

Puis ce fut l'emballement, nous avons partagé de nombreux moments dans un laps de temps très court. Un séjour en hôtel de luxe, une randonnée de six jours en haute montagne la tente sur le dos, un pique-nique sous les étoiles, un rendez-vous charmant dans un restaurant gastronomique, nous sommes tout simplement heureux d'être ensemble, en toute circonstance.

Vous en connaissez beaucoup des filles qui offrent une PS4 à leur copain pour Noël ? Eh bien c'est au travers de nos différents centres d'intérêts communs que nous avons matché, et ils étaient nombreux.

Et ce fut le mariage le 21 août à Antibes, comme une évidence, avec David, Christophe et Denis comme témoins. Nous en avions six au total, deux à la mairie et quatre à l'église.

La cérémonie fut à mon image, sans clinquant, avec des amis de longue date, mais aucun grand nageur ou nageuse de l'époque. Cela peut surprendre alors que j'avais tant partagé avec eux, dans l'eau, en stage, en compétition, au quotidien avec eux. Le seul à avoir été convié, Boris Steimetz, mon camarade du relais en argent à Pékin, était là en tant qu'intime.

Laure Manaudou, Franck Esposito, les nageurs stars de l'époque, je n'étais pas assez proche d'eux pour les inviter. Nos convives étaient à nos côtés en tant qu'amis et non en fonction de leur notoriété, mais j'ai ensuite reçu des messages de félicitations de Gregory Mallet et Fabien Gilot notamment…

Chapitre VII

Seconde vie, nouveau départ

13 août 2012, au lendemain de la cérémonie de clôture des JO de Londres, j'étais dans le train vers Paris, ma carrière terminée. La petite mort du sportif qui met un terme à sa carrière, je ne la ressentis pas un instant. Bien au contraire, j'étais soulagé de ne plus avoir à souffrir autant physiquement et psychologiquement. À vingt-neuf ans, j'étais déjà usé au niveau des bras et jambes, les tendons n'en pouvaient plus d'avoir répété des milliers de fois les mêmes gestes. Sur le plan mental, je ressentais de l'épuisement mais j'étais très excité à l'idée de me projeter vers de nouveaux défis.

Nous étions tous ensemble dans le train, nageurs et autres sportifs, médaillés olympiques ou non. J'étais en bonne compagnie aux côtés de Teddy

Riner, Thierry Omeyer et les handballeurs, Renaud Lavillenie, les basketteuses, avec le sentiment de faire partie de la même famille. C'était une sorte de plénitude collective, enrichissante et enivrante, jusqu'au défilé sur l'avenue des Champs-Élysées, attendu par des milliers de Français. Tout cela me rappelait France 98. À notre arrivée à la gare du Nord, quatre ou cinq bus à impériale nous attendaient. Direction les Champs-Élysées. J'étais avec Leveaux, Duboscq, Lefert, Balmy et Etienne notamment. C'était un moment dingue de voir autant de monde nous féliciter. Puis nous sommes allés à une séance de dédicace de photos chez un grand équipementier, avant de nous dire au revoir.

Il était temps de passer à autre chose, d'abord retrouver mes proches et également partir en vacances avec Coralie Balmy. Nous vivions une histoire d'amour chien-chat assez compliquée, avec son lot de rebondissements et de situations rocambolesques.

De prime abord, Coralie avait un côté sauvage et froid, mais derrière la carapace, elle savait se montrer chaleureuse et affectueuse. Elle avait eu le courage de quitter sa Martinique natale à quatorze ans pour rejoindre le pôle France de Toulouse. Elle s'était construite dans l'adversité, loin de sa famille et de ses repères.

Nous avions commencé à flirter en juillet 2007, lors d'un stage préolympique avec l'équipe de France en Chine, à Dalian. À peine rentrée de ce séjour chinois, Coralie m'annonça assez brutalement mettre un terme à notre brève relation. J'eus du mal à l'accepter. J'étais assez rapidement tombé amoureux d'elle. Je tentai donc le tout pour le tout afin de la reconquérir. J'étais dans une période-clé de ma carrière, plusieurs mois avant les Jeux, je ne voulais pas me polluer l'esprit avec un spleen sentimental.

C'est dans ce contexte que j'ai décidé de la rejoindre à Toulouse, en septembre, après un long mois de silence radio de sa part. Ce fut un périple rocambolesque plus qu'une douce balade en amoureux. Quelques jours auparavant, j'avais eu un accident de voiture à la Bourvil. En arrivant à un feu rouge, en train d'ouvrir mon courrier, j'avais percuté malencontreusement la voiture devant moi. Trois véhicules endommagés, un peu de tôle froissée mais pas de dommages corporels… Cette péripétie finalement sans conséquence me fera arriver en retard à mon premier entraînement en septembre 2007, année de préparation en vue de Pékin 2008. La saison ne débutait pas sous les meilleurs auspices… et mes petits malheurs étaient loin d'être terminés.

Cela pourrait ressembler à un scénario de film burlesque joué par Pierre Richard. Je troquai donc mon Opel Corsa et me retrouvai dans une petite Fiat Panda prêtée par le carrossier, qui me demanda de ne pas quitter notre département des Alpes-Maritimes. Confiant, je lui lançai : « Ne vous inquiétez pas. Le pire est derrière moi ! »

Après l'entraînement du vendredi soir me voilà donc parti sur la route. Antibes-Toulouse, six départements traversés, les consignes du carrossier oubliées, j'arrivai sûr de moi en bas de chez Coralie, six heures plus tard.

J'ai malheureusement vite déchanté, devant insister par téléphone pour que la belle nageuse daigne descendre. Et la discussion fut relativement brève, 10, 15 minutes tout au plus, au bout desquelles je sentis qu'il n'y avait plus rien à faire... pour le moment.

Tous mes espoirs envolés, je me retrouvais donc à la porte… sans hébergement. J'ai donc appelé un bon ami qui habitait dans le coin, Raouf Benabid, un ancien du Cercle des Nageurs de Marseille. Dépité, je lui ai raconté mes mésaventures. « Elle ne sait pas ce qu'elle perd », me dit-il. Pendant tout le week-end, j'en avais gros sur le cœur mais j'ai décidé de me changer les idées avec Raouf et ses amis.

De pitrerie en pitrerie, un copain, habile et agile, se mit à faire le poirier. Bonne idée, j'essayai alors de faire mieux que lui, sans imaginer d'éventuelles conséquences.

À la deuxième, puis à la troisième tentative, toujours aussi inspiré par Pierre Richard, je perdis l'équilibre et tombai de la hauteur de mes bras sur mon épaule droite. Vite envahi par les douleurs et des nausées, je réalisai assez rapidement que quelque chose s'était déboîté. L'un de mes amis, sapeur-pompier, appela ses collègues et je partis en ambulance à l'hôpital d'Albi. Le verdict tomba : luxation acromio-claviculaire de stade 2. Je ne pouvais plus lever le coude au-dessus de mon épaule, un brin embêtant pour un nageur à dix mois des JO de Pékin !

Cependant, je ne me rendis pas vraiment compte de la gravité de la blessure. Tout cela allait se résoudre en quelques jours… Le dimanche, le bras droit immobilisé, je conduisis ma Panda en passant les vitesses avec la main gauche, pour retraverser les six départements d'ouest en est, avec une petite pensée pour mon carrossier sur le chemin du retour. Je me refis le film de ces derniers jours plusieurs fois. Maudit jusqu'au bout. J'étais venu reconquérir Coralie et ça m'avait « coûté un bras ».

Le lundi, je me suis présenté tout habillé au bord du bassin, alors que mes camarades d'entraînement étaient en maillot, prêts à plonger dans un décor propice au haut niveau... Vue féérique sur la Méditerranée d'un côté, piscine de l'autre, une ambiance à deux visages entre farniente et travail, un cadre qui avait de quoi enchanter les plus récalcitrants.

Mais dans cette ambiance ensoleillée, le panorama s'avéra plutôt couvert, voire très nuageux au-dessus de ma tête. Il s'obscurcit encore un peu plus à l'approche de Denis. Tout penaud, je lui glissai : « Excuse-moi, Denis, je ne vais pas pouvoir nager ce soir. Je me suis blessé ce week-end. » Et dans son style caractéristique, mon entraîneur m'envoya balader : « Tu te démerdes. Ça ne me regarde pas. »

La réponse la plus dure que j'ai entendue de ma vie. J'étais livré à moi-même et me demandais comment j'allais faire pour me sortir de cette improbable situation.

Place à la réparation de mon épaule, à la rééducation fonctionnelle, sentimentale, psychologique et sportive. Mon ego en avait pris un coup, je devais réaligner mes planètes pour retrouver de la sérénité. Kiné, ostéo, réconciliation entre-temps avec Denis, je restais résolument optimiste. Heureusement, cela n'est pas sorti dans la presse. « Radio piscine », la petite radio cancans du milieu n'était pas aussi performante qu'aujourd'hui. Mon affaire ne fuita pas et cela me conforta dans la confiance que je pouvais avoir en mon groupe d'entraînement.

Les semaines passèrent et je revins dans l'eau plus vite que prévu, au grand bonheur de mon entraîneur. Et malgré cet enchaînement de situations défavorables, je réalisai quand même de bons résultats aux Championnats d'Europe de Debrecen 2007 en petit bassin en remportant le titre sur 100 mètres nage libre devant mes deux meilleurs détracteurs, mes copains de podium italo-suédois : Nystrand et Magnini !

En janvier, Denis me demanda de rattraper les kilomètres manqués en début de saison à cause de ma blessure. Et je m'exécutai sans rechigner. Le titre olympique était à ce prix et en nageant vite, je m'imaginais impressionner et reconquérir Coralie.

Mais trois records du monde et deux titres de Champion d'Europe ne la feront pas changer d'avis ! J'étais obstiné, très amoureux, et je ne supportais pas son indifférence. Quelques semaines plus tard, nouvel épisode d'une série sans fin, après les Championnats de France 2008, j'étais donc célibataire et discutais avec l'hôtesse qui m'avait remis une médaille. Et là, qui vois-je débarquer sortie de nulle part ? Madame Coralie Balmy qui me coupe dans ma conversation et demande à me parler en privé. Par fierté mal placée, j'ai décliné dans un premier temps mais devant son insistance, j'ai fini par la suivre. En sortant du bar, elle m'a embrassé sans les moindres préliminaires ! À la fois agréablement surpris et étonné, enfin il était temps. Nous sommes partis pendant une heure nous isoler sur la plage de Dunkerque. Une parenthèse enchantée. Et de retour parmi les nôtres, la voilà qui m'ignore de nouveau. Les montagnes russes. Je n'allais pas passer ma vie à lui courir après et je me dis, un brin philosophe, que mon heure viendrait.

Juste avant les JO de Pékin, nous nous sommes retrouvés lors de la compétition de l'Open EDF. À quinze jours du début des Jeux, nous étions à l'hôtel avec toute l'équipe de France. Nous avons fini par nous retrouver et nous embrasser. « Enfin, il était temps. » Cela m'a boosté à quelques jours du départ en Chine, la confiance sportive comme affective était au beau fixe.

Le jour de notre deuxième place en relais, Coralie termina, elle, quatrième du 400 mètres nage libre, à huit centièmes du bronze.

Son 400 mètres avait eu lieu juste avant le relais et j'étais dans la chambre d'appel avec mes co-équipiers tricolores quand elle sortit de l'eau. Je mentirais si je disais que cela ne m'a pas déstabilisé, mais cela cela m'a quand même fait énormément de peine pour elle. Autour du bassin, après nos courses, elle était inconsolable alors qu'elle méritait amplement cette médaille. Triste coïncidence, elle et moi avions échoué à huit centièmes à quelques minutes d'intervalle ! Après nos deux déceptions, je me sentais impuissant pour la consoler et je compris rapidement que je ne pouvais pas trop la réconforter, avec une grosse pointe de culpabilité. Nous en parlerions le lendemain, une fois la désillusion estompée.

Coralie avait pour elle sa régularité, très bien placée techniquement, mêlant légèreté et puissance dans l'eau. Sa combativité, son caractère bien trempé, elle s'en servait dans l'eau pour ne jamais rien lâcher. À cette époque, Coralie venait même de battre la reine du 400, Laure Manaudou, championne olympique en titre sur la distance. Elle échouera encore en 2012 à Londres (5e), mais finira par obtenir une médaille de bronze olympique dans le relais 4 x 200 mètres nage libre.

Entre 2008 et 2012, notre relation ne connut plus de mauvaises vagues. En 2009, Coralie vint s'installer chez moi à Antibes et cette fois, personne ne poireauta en bas de l'immeuble. Elle s'entraîna au Cercle des Nageurs d'Antibes, dans la ligne d'eau à côté de la mienne et cela nous épanouit. Malheureusement, Coralie était très casanière alors que j'avais parfois envie de sortir, de rencontrer du monde, ce qui aura raison de notre relation au fil des années.

Plus particulièrement, lors de ma retraite sportive en 2012, elle qui poursuivit sa carrière, aura du mal à comprendre les impératifs de ma nouvelle vie, ma reconversion en opposition avec la rigueur qu'impose le haut niveau. Nous nous sommes expliqués à plusieurs reprises mais les accrocs se multiplièrent en 2012-2013. Nous nous sommes éloignés petit à petit, j'avais du mal à lui faire comprendre mon besoin d'activités et de rencontres nouvelles. Je ne pouvais pas rester inactif, dans l'ombre de son rythme de nageuse de haut niveau. Je travaillais pour notre vie future, je tentais de construire un avenir d'après-carrière ensemble, mais elle ne le perçut pas de cette manière. Elle souffrait de mes absences répétées liées à mes divers déplacements. J'en étais pleinement conscient et m'en voulais sur le moment de ne pas répondre à ses attentes, mais j'avais une seconde vie à construire, de nouveaux défis à relever.

En août 2013, ce fut la rupture. Après des Championnats du monde compliqués pour elle, Coralie quitta l'appartement pour emménager ailleurs en ville. Je n'ai pas cherché à la raisonner car nos perspectives étaient diamétralement opposées. Nous n'aurions pas réussi à nous retrouver. Deux ou trois ans plus tard, une fois retraitée, Coralie m'avouera rencontrer des difficultés dans son après-carrière, une sorte de mea-culpa vis-à-vis de notre rupture.

En 2013, je me retrouvais ainsi célibataire, je sortais régulièrement, comme si j'avais besoin de faire ma crise d'ado, quinze ans après la plupart des jeunes.

Dans cette séquence, je fis plein de rencontres professionnelles et sentimentales, mais ma seconde vie fut aussi marquée par des drames : *Dropped*, le décès de mon papa et les problèmes de santé rencontrés par ma maman.

Victime d'un accident vasculaire cérébral, mon père André nous quitta en 2014, à l'âge de soixante-treize ans. Quand j'appris la terrible nouvelle, j'étais en déplacement dans le cadre d'un événement caritatif, je ne pus rejoindre ma mère et mes sœurs dans la maison familiale. Je culpabilisais. Lors de mon dernier échange téléphonique avec mon père, je lui avais présenté mon grand projet de rénovation de notre maison familiale près de Gap, là où vit ma mère désormais. Et pour faire le deuil, me projeter sur l'avenir dans cette demeure marquée par nos souvenirs d'enfance, je souhaite voir les miens s'y épanouir.

Mon père nous a quittés bien trop tôt, avant que je puisse lui exprimer toute mon admiration. C'était un papa dur et sévère avec moi, très peu expressif, mais je n'ai jamais douté de son amour et de sa bienveillance.

De traumatisme en traumatisme, après *Dropped*, je fus confronté à partir de 2017 aux graves problèmes de santé de ma maman. Je tins à être le plus présent possible à ses côtés, moi le dernier homme de la famille. Elle souffrait de douleurs au dos et d'une cruralgie persistante. Après maintes consultations, son médecin traitant lui conseilla une opération du dos. Le résultat fut loin d'être satisfaisant. Au contraire, ses douleurs s'accentuèrent. La même année, elle dut subir une autre opération, avec un autre chirurgien, pour tenter d'atténuer ses souffrances. Je l'avais dirigée vers ce spécialiste, ne faisant plus confiance au docteur l'ayant opérée la première fois. Le ciment médical qu'il avait injecté dans ses disques intervertébraux ne s'étant pas solidifié comme prévu, cela avait aggravé la situation. La deuxième opération avait donc pour but de retirer les morceaux de ciment, identifiés comme la source de douleurs par le nouveau chirurgien. En complément, un séjour de renforcement musculaire était censé régler son problème une bonne fois pour toutes, mais cela restera insuffisant au regard de son supplice.

Quelques années plus tard, en 2020 pendant le confinement, un lanceur d'alerte nous contacta et nous expliqua que le procédé chirurgical employé à l'époque n'était, officiellement, pas reconnu par les services de santé français.

Entre 80 et 100 patients de ce médecin auraient subi le même préjudice, avec des conséquences encore plus dramatiques pour certains (invalidité, arrêts de travail prolongés, perturbations psychologiques). Une enquête est en cours auprès du tribunal de Gap. En tant que personne publique, j'ai souhaité médiatiser cette affaire afin de dénoncer de telles méthodes et fédérer le plus de victimes possible, pour peser d'un plus grand poids sur l'instruction. La force du collectif s'exprime pleinement dans le sport, j'ai pu le constater. Elle est tout aussi fondamentale sur des enjeux de santé publique.

Ces douloureuses épreuves ont été terribles à vivre, elles ont servi de point de départ à ma nouvelle vie.

L'après-carrière, comment cela se gère-t-il ? L'amical, le familial, l'argent ? Oui, j'ai très bien gagné ma vie. Au lendemain de Pékin, mon firmament sportif, j'ai gagné 250 000 euros par an pendant deux ans, l'essentiel *via* des contrats d'équipementiers, EDF, une assurance et une société de villages-vacances. Des enquêtes journalistiques sur les salaires des sportifs me situaient à 500 000 euros annuels… Cela ne m'aurait pas déplu, mais j'étais déjà amplement satisfait de gagner aussi bien ma vie.

Cet argent, je l'avais mis de côté pour mon après-carrière, et je gagnais environ 3 000 euros par mois, grâce à mes revenus de gendarme et de primes aux résultats.

Parmi les contrats post carrière, je me suis retrouvé à Rio pour les Jeux 2016 en tant que consultant Canal + où j'ai embarqué Denis Auguin avec moi. J'avais vendu à la chaîne cryptée notre binôme nageur-entraîneur au micro pour mieux analyser les courses.

Rester en contact avec la discipline me plaisait et aux commentaires, je fus mis à l'aise par le journaliste-commentateur présent à mes côtés, me contentant de l'analyse technique. Passé de l'autre côté, je ne franchis pas la ligne rouge en tombant dans la polémique ou le buzz. Je tâchais de conserver mon lien avec mes collègues de l'équipe de France.

Malgré mes précautions, je fis tout de même les frais d'une affaire à tiroirs. Petit retour en arrière : en mars 2016, aux Championnats de France qualificatifs pour Rio, sur le 200 mètres nage libre, Yannick Agnel, champion olympique en titre, toucha la plaque en troisième position alors que seuls les deux premiers se qualifiaient pour les Jeux. Loin de son niveau de Londres, Agnel voulait absolument participer aux Jeux de Rio et trouva le moyen de remettre en cause le résultat des Championnats de France.

Devancé par Jérémy Stravius (1er) et Jordan Pothain (2e), il expliqua sa contre-performance par un dysfonctionnement du chronométrage électronique afin de récupérer sa place parmi les deux premiers.

Profitant de son statut de star de la natation française, le double champion olympique de Londres (200 mètres et 4 x 100 mètres) et son entraîneur Lionel Horter, ex-DTN, vont mettre la pression sur le nouveau directeur technique national, Jacques Favre, dépassé par la médiatisation de cette affaire et obligé de s'incliner.

Une conférence de presse fut organisée à la hâte, un vrai panier de crabes, où Pothain (2e du 200) se retrouva devant les micros, assis entre Horter et Favre, sommé de bien vouloir laisser sa place à Agnel au Brésil. « Je n'ai aucun mal à avouer, après avoir vu la vidéo, que Yannick [Agnel] est sûrement devant [...] et je n'aurai aucun mal à me retirer », déclara le nageur dépité. Le Grenoblois, déjà qualifié sur 400 mètres, souhaitait intelligemment calmer le jeu, pensant que son désistement pouvait apaiser les tensions nées de cette affaire loufoque. Philippe Lucas, avec son franc-parler, résumera bien la situation en s'adressant aux journalistes : « Maintenant, je vais, moi, vous poser la question dans l'autre sens : Pothain il fait troisième, d'accord, mais par contre il touche avant. Comment ça se passe ? »

En coulisse, l'agent d'Agnel joua un rôle trouble dans toute cette mascarade en mettant en place une opération de communication. Elle utilisa les images de l'arrivée et ira même jusqu'à les montrer aux instances fédérales, alors qu'elles étaient inexploitables selon les règles officielles. À ce moment, présent sur place à Montpellier avec mon club, j'assistai ébahi à cette gestion de crise calamiteuse, bafouant les valeurs de mon sport, et surtout terriblement déçu pour Jordan Pothain. Que d'injustice pour le spécialiste du 200, première victime, simple nageur dénué de pouvoir face à un adversaire bien trop puissant médiatiquement et au sein de la fédération.

Interrogé par des journalistes qui voulaient avoir mon ressenti, je suis allé dans le sens des juges-arbitres et du chronométrage électronique… Ce qui ne plaira pas à Yannick, me faisant part plus tard de son mécontentement : « Tu n'as pas été sympa avec moi, Alain. »

Mon intention n'a jamais été de m'en prendre à la personne de Yannick Agnel. Si cela avait concerné un autre nageur ou nageuse, j'aurais réagi de la même manière afin de dénoncer cette injuste situation.

Bref, l'ambiance n'était pas au beau fixe lorsque je partis pour Rio dans mon nouveau costume de consultant et cette séquence ne restera pas sans conséquence lors des Jeux.

La veille du relais 4 x 200 mètres nage libre, Damien Joly, nageur de l'équipe de France, fut prévenu au dernier moment qu'il allait nager à la place de Yannick, soi-disant malade. Nageur de mon club d'Antibes, Damien dut donc très tard le soir se raser les jambes et se préparer dans des conditions loin d'être optimales. La décision de remplacer Agnel fut prise très tardivement, alors que le relais devait nager sa série le lendemain matin.

Mais quelle surprise de voir finalement le champion olympique de Londres déjà guéri en train de s'échauffer à l'arrivée de ses collègues du relais qu'il avait pourtant laissé tomber la veille... Confrontés aux caprices de Monsieur Agnel, ses coéquipiers, d'abord étonnés de sa présence, firent corps derrière Joly et prirent finalement le départ sans l'élément perturbateur Agnel, qui nage plus vite que Damien sur un 200 mètres. La France sera logiquement éliminée en séries et ce fut un imbroglio perdant-perdant pour tout le monde.

Tout juste sorti de l'eau et interrogé par la presse, Jordan Pothain au passif déjà bien pesant avec Agnel, prit la parole au nom du relais de façon très offensive : « Yannick nous a abandonnés en disant qu'il était malade il y a deux jours [dimanche, après son élimination en séries du 200 mètres]. Ça a été une grosse claque pour nous. Puis il est revenu, puis finalement il nous redit qu'il ne pourra pas nager... On met en place une stratégie pour combler le vide comme on peut. On avait essayé de se remobiliser en se disant qu'on pouvait aller chercher quelque chose. Yannick n'était pas du tout dans la compet'. Mon avis personnel, c'est qu'on a été baignés dans un tissu de mensonges depuis les Championnats de France de Montpellier. » Propos en forme de règlement de comptes de la part du Grenoblois... Malade, Yannick Agnel l'était-il vraiment ? Non. J'apprendrai plus tard avec certitude qu'il ne l'était pas. Beaucoup de remous pour une histoire de chronométrage électronique.

En tant que consultant Canal + sur place au Brésil, j'ai livré mon opinion en incriminant la DTN et le président Luyce pour leur catastrophique gestion de crise : « On dirait que personne n'est responsable de quoi que ce soit alors que les principaux responsables, ceux qui sont censés être là pour protéger les nageurs, on ne les a pas vus… On a eu un communiqué de presse à l'arrache. En termes de chef, on a connu mieux. On ne l'entend jamais [le président]. Et c'est vrai qu'on aurait bien aimé l'entendre là-dessus, ça, c'est clair. Les vrais chefs assument et protègent. Là, j'ai l'impression qu'il n'y a pas de vrais chefs. C'est géré d'une façon calamiteuse. J'espère que ça permettra de faire bouger les choses. Mais ce sont toujours les mieux placés qui seront toujours là. » Ce fut une petite salve bien sentie à l'encontre de Francis Luyce, par ailleurs président du Club France à Rio. Il préférait sans doute les remises de médailles aux turpitudes de la natation tricolore.

Cette énième gestion de crise déplorable va finir par se retourner contre moi… Entraîneur en chef des Bleus, Romain Barnier va tenir des propos plus que désobligeants à mon encontre.

Annonçant en arrivant en conférence de presse avoir « un dernier coup de gueule » à passer (contre moi), l'entraîneur du Cercle des Nageurs de Marseille avec qui j'avais été en conflit en 2005, se lâche. « J'ai été extrêmement déçu par ta sortie médiatique. Je ne comprends pas tes déclarations. Je ne comprends pas comment un athlète qui a vécu à l'intérieur de l'équipe de France, qui connaît maintenant le jeu médiatique, [ne saisisse pas] les répercussions que de telles déclarations peuvent avoir sur l'équipe de France », m'assène-t-il devant une audience médusée. Assis parmi les journalistes, je préfère l'ignorer et ne lui réponds pas. Barnier poursuit : « Je tenais à te le dire devant un parterre de tes collègues puisqu'aujourd'hui, je ne considère pas qu'on fait partie de la même famille de la natation [...]. Un ancien nageur protège l'équipe de France, coûte que coûte », finit-il par conclure, visiblement rancunier. Vive la consanguinité. On se protège donc même quand on fait n'importe quoi ? Droit dans mes bottes, je ne regrettai pas la teneur de mes propos et fus même défendu par la reine de la natation : « Alain est quand même champion olympique. Le dénigrer comme ça, je ne trouve pas ça très juste », soutint Laure Manaudou.

Les nageurs furent les premiers à pâtir de toutes ces histoires. Cela me désolait terriblement, et je m'en moquais d'être le bouc émissaire de Romain Barnier. Si seulement cela avait pu permettre aux nageurs de briller… À l'arrivée, ils n'ont pu exprimer leur plein potentiel et c'est finalement ce qui m'attristait le plus. Une équipe sans chef ne peut s'épanouir pleinement… Sans chef et sans stabilité… Trois DTN différents entre 2012 et 2016, ce manque de stabilité a créé les conditions de cet échec. Bilan : deux médailles olympiques à Rio (Manaudou en argent sur 50 mètres nage libre et le relais 4 x 100 mètres nage libre en argent). Comparées aux sept médailles de Londres 2012, ce fut une bien piètre image de la natation française renvoyée auprès du grand public.

À Tokyo, pour les JO 2021, la France n'a pu obtenir mieux qu'une seule médaille en argent remportée par Florent Manaudou sur 50 mètres nage libre. Malgré des performances prometteuses chez certains jeunes, cette nouvelle génération doit se construire un avenir meilleur et surtout un état d'esprit conquérant. Dans cette optique, un grand entraîneur étranger, Jacco Verhaeren, ex-coach de Pieter van den Hoogenband, a été nommé directeur des équipes de France… Un choix stratégique du DTN au regard du passif entre les entraîneurs nationaux.

Entre les clubs de Marseille, Nice et Mulhouse, ce n'est pas en effet toujours le grand amour et la neutralité de Verhaeren apportera sans doute plus de sérénité. Le Néerlandais a d'ailleurs une fois de plus fait ses preuves au Japon en tant que responsable de l'équipe d'Australie, multimédaillée. Et j'espère du fond du cœur que cette nouvelle dynamique permettra aux Manaudou, Grousset et Wattel, à nos nageuses et nageurs tricolores, de pouvoir exceller et connaître les frissons de médailles à domicile lors des Jeux de Paris 2024 !

Caeleb Dressel, multimédaillé d'or au Japon, aura, lui, marqué ces Jeux de son empreinte. Il entrera certainement un jour au Hall of Fame de la natation. Cette institution rend hommage aux plus grands nageurs de l'Histoire et j'ai eu l'honneur d'y rentrer en 2017. Invité à Fort Lauderdale en Floride (où s'entraîne Dressel), j'en garde un souvenir ému, fier de cette reconnaissance éternelle. Ce fut l'occasion d'immerger ma compagne Faustine dans mon univers. Le bonnet de ma dernière course des Jeux de Londres y est exposé, aux côtés d'autres effets personnels ayant appartenu aux plus grands (Biondi, Popov, Spitz...).

C'est dans le but de moderniser la natation qu'en 2019, un milliardaire ukrainien décida de monter un circuit parallèle (ISL) au calendrier indépendant de la FINA (Fédération internationale de natation)… Avec quel objectif ? Au travers d'équipes constituées des plus grandes stars, rendre la natation plus « sexy » sur des épreuves de petit bassin. Un format en mode *show-time* bien plus rémunérateur qu'à mon époque. Y participent notamment côté français Florent Manaudou, Jérémy Stravius et la polyvalente Béryl Gastaldello, entre autres. Cette évolution business était-elle indispensable à mon sport ? Oui, pour des nageurs mieux considérés financièrement, et touchant enfin des revenus plus en adéquation avec les efforts du quotidien. Mais ce système est encore trop fragile, sans filet de protection dans le cas où le principal financeur s'en irait du jour au lendemain.

Deux ans après sa création, les doutes sont toujours bien présents, l'équilibre économique d'ISL n'ayant toujours pas été trouvé.

Retraité depuis 2017, Camille Lacourt, lui, y aurait eu toute sa place. Nous étions en mauvais termes depuis l'épisode du relais, en 2011. Sur un événement sportif (*Les Étoiles du sport*), dans un timing idéal et des circonstances qui s'y prêtaient, je me suis retrouvé aux côtés de Camille. Et nous avons pu discuter ensemble pendant quelques minutes, de façon apaisée.

Notre relation était restée compliquée depuis l'imbroglio des Championnats du monde 2011, mais avec le temps, les cicatrices s'estompent.

Camille s'excusa pour les mots déplacés et les propos tenus et j'appréciai sa démarche, sincère et apaisante.

LE SPORT COMME MOYEN D'ÉMANCIPATION, AU CARREFOUR DU CONSERVATISME ET DE LA MODERNITÉ

Ma seconde vie est bien plus légère. Le réveil ne sonne plus à 6 h 30 chaque matin et je n'ai plus ma douzaine de kilomètres à avaler chaque jour.

Lors de mes premiers mois de retraité, mon corps avait un besoin vital de souffler, mais aujourd'hui, je continue de m'entretenir pour ne pas prendre trop de poids, et surtout afin de rester en forme pour mener à bien mes multiples projets professionnels. Depuis l'arrêt de ma carrière, j'ai pris neuf kilos, gourmand que je suis à table aux côtés de Faustine et mes amis.

Et avec ma femme, j'envisage un avenir radieux et un autre type d'épanouissement. Plus question de médailles, il s'agit désormais de ma vie sentimentale, familiale et professionnelle avec Faustine, la principale personne capable de m'accompagner dans mes nouveaux défis. J'ai été très égoïste, pensant beaucoup à moi pendant des années, et aujourd'hui, je veux être là pour elle, penser à deux, à trois ou plus évidemment.

À travers mes expériences sportives je me suis découvert indéniablement. Le sport et tout ce qu'il véhicule permet d'atteindre des objectifs que nous ne pourrions pas imaginer, de vivre des émotions nous empêchant de dormir la nuit et nous tenant en haleine des années durant. Ces sensations sont si exaltantes que je me considère chanceux d'avoir pu les vivre et je me fais un devoir de les partager, de prolonger ainsi ma trajectoire.

Le sport est un vecteur d'intégration, d'épanouissement physique et intellectuel, dont notre société ne peut faire l'économie. Respecter un adversaire ou un coéquipier sur un terrain, un tatami ou dans une piscine amènera immanquablement du respect au coin de la rue, dans un train, à un carrefour ou entre voisins.

Certaines valeurs qui semblent se dérober, le manque de respect croissant dans notre société, le repli sur soi, la surconsommation de l'instantané, peuvent-être corrigées ou atténuées par l'activité physique ou la pratique d'un sport.

Travailler sur soi… Combien d'heures passées dans l'eau au lieu de traîner en bas de chez moi, combien de carreaux de piscine ai-je comptés ? Je ne le saurai jamais... Quand tu nages, en pleine introspection dans une sorte de monde parallèle, tu en baves, tu te parles à toi-même. J'en suis arrivé à un stade où j'avais l'impression de parler à une autre personne, un étranger ou parfois à une facette de moi-même qui n'osait pas s'affirmer. Et dans l'adversité, j'ai eu la sensation de faire émerger le meilleur. Le sport pour éviter de sombrer dans le côté obscur, dans la délinquance, dans les doutes et la négation. Rester concentré sur ses objectifs, humbles et modestes, c'est sans doute le meilleur moyen de se développer et de bien s'intégrer dans la société.

Le garçon discret et frêle que j'étais ne pouvait s'épanouir pleinement sans côtoyer ses propres limites. Mal dans ma peau jusqu'après l'adolescence, je passais difficilement inaperçu avec ma taille, une tête de plus que tout le monde. J'ai fait les frais de harcèlement à l'adolescence et n'ai jamais osé en parler. J'ai découvert trop jeune à quel point la stupidité humaine pouvait être destructrice. On parle souvent d'environnement, d'économie, de politique mais revenons à l'humain, à l'essentiel, à tous ces comportements et ces relations qui nous lient et avec lesquels nous devons composer. Un regard, une attitude, une réflexion font parfois beaucoup de mal. L'empathie manque cruellement.

Et que dire du harcèlement où des bandes d'ados déscolarisés, en rupture avec la société, sentent que leur union fait la force ? Je me souviens de ces intimidations de clans à la sortie de mon collège, dans un quartier un peu chaud d'Aubagne. Des jeunes qui avaient pour seul projet de se battre : « On va t'attendre à la sortie, on va te régler ton compte. » Et tout seul dans ton coin, tu te renfermes sur toi-même, tu t'écrases pour passer entre les gouttes.

De nos jours ce harcèlement s'est transformé en cyberharcèlement, encore plus vicieux et sournois, à travers des réseaux qui n'ont de sociaux que le nom.

Je suis allergique aux conflits et ma vision parfois trop idéaliste m'a sûrement joué des tours mais je reste fidèle à mes valeurs.

Le sport comme échappatoire, comme moyen d'expression mais aussi comme défouloir ! Il en faut de l'énergie dès douze ans pour enchaîner des longueurs pendant deux heures tous les soirs et à quinze ans pour doubler le volume quotidien d'entraînement. Cette énergie dépensée ne fut pas vaine et je savais pertinemment dès l'adolescence que dans la vie, tout se paie en bien ou en mal. Je ne prétends pas être un saint mais le sport m'a ancré dans mes certitudes quant au respect de l'autre, à l'honnêteté et au travail. Mais le sport est aussi le reflet de la société. Entre ses détracteurs, ses tricheurs, ses prodiges, ses forçats du travail ou même ses opportunistes, il conserve des valeurs saines envers et contre tous.

Face à la pandémie qui nous a tous affectés et à l'impact des dispositions gouvernementales, une partie de la population, plus importante qu'à l'accoutumée, s'est raccrochée à la pratique sportive, une sorte de valeur refuge. Je n'ai jamais vu autant de personnes, de tous âges, se mettre au sport. Un beau mouvement et un bel espoir de voir bouger nos concitoyens sur le long terme !

Avec Paris 2024 en ligne de mire, nous avons toutes et tous un rôle majeur à jouer dans cette sensibilisation à la pratique sportive. Chacun son rythme, chacun ses objectifs. J'interviens régulièrement auprès de pneumologues et médecins pour vanter les mérites d'un laboratoire pharmaceutique qui commercialise des traitements contre l'asthme. Au cours de ma carrière, je fus freiné un temps par ce handicap. Aujourd'hui, je témoigne auprès de médecins sur notre capacité physique à surmonter des problématiques qu'on pensait incompatibles avec la pratique sportive. Encore faut-il mettre ses objectifs en adéquation avec les réalités de son corps.

Mon ami Stéphane Diagana, lui, sollicité par l'Association française des diabétiques et la Fédération française de cardiologie (données de l'INSERM – Institut national de la santé et de la recherche médicale) s'investit dans des études scientifiques sur l'impact du sport sur la santé. Et ce sont de précieuses données pour l'étude de certaines maladies dégénératives ou sur l'obésité.

Le constat est sans équivoque : la sédentarité et le déconditionnement physique qu'il engendre sont mortels et l'activité physique permet de réduire de 80 % les risques cardiaques, notamment. Bouger, toujours et encore…

L'avantage d'un sport chronométrique comme la natation est que l'on peut évaluer son niveau et sa progression en fonction de son temps. Cela peut paraître anodin mais ce repère temporel fut capital pour moi. Ces données chiffrées sont une passion pour Stéphane Diagana, un champion au grand cœur, champion du monde 1997 sur 400 mètres haies, et leader de sa génération. J'ai fait sa connaissance aux *Étoiles du sport*, un événement magique organisé par Sébastien Foucras et Benoît Eycken. Ces deux-là ont lancé le concept de réunir des athlètes de différents sports au début des années 2000, dans un contexte de compétition et de fête, à la montagne, durant une semaine. Ils furent notamment soutenus dans leur démarche par Youri Djorkaeff, Zinédine Zidane et Alain Boghossian, entre autres.

Ils ont ainsi pu bénéficier d'une visibilité médiatique leur permettant de faire grandir cet événement devenu incontournable pour les sportifs en activité ou en reconversion. Si l'on pouvait additionner le nombre de médailles et autres trophées des champions qui ont pu partager et transmettre leur expérience auprès des plus jeunes, nous pourrions réaliser à quel point le sport français est extraordinaire !

Ces résultats exceptionnels furent parfois obtenus dans des conditions loin d'être optimales, ce qui me rassure sur la capacité à construire des projets sportifs, atteindre le plus haut niveau international et inciter ainsi nos jeunes générations à pousser la porte de l'association sportive proche de chez eux. Ces clubs se développent avec l'aide des municipalités et de bénévoles œuvrant au quotidien, sans compter leurs heures. Mais c'est un modèle fragile qui m'inquiète sur le long terme. Le terme d'association « loi 1901 » résume malheureusement la situation archaïque de notre élite sportive et le monde qui sépare ces athlètes des filières professionnelles. En effet, association à but non lucratif et professionnalisme ne font pas forcément bon ménage.

Lorsqu'on idéalise une structure comme l'INSEP et que l'on se projette en Australie ou aux États-Unis par exemple, où dans chacun des États, il y a l'équivalent de deux, voire trois INSEP, nous ne devons pas rougir et plutôt même être fiers des résultats tricolores face à ces nations.

Parfois, des générations en or nous offrent des flopées de médailles, mais sur la durée, il faudrait assurément s'inspirer de certains modèles étrangers.

Par le biais de cet ouvrage, je souhaite modestement faire bouger les lignes, car à l'arrêt de ma carrière, je me suis heurté aux organisations institutionnelles et administratives qui feraient baisser les bras, même aux plus tenaces. Le fait de concilier cursus post baccalauréat et un sport de haut niveau aussi chronophage que la natation requiert un combat de tous les instants. Et pour tout vous dire, aujourd'hui, je ne suis pas près de lâcher le morceau après avoir pâti de ce système, n'ayant obtenu qu'un baccalauréat scientifique avant de m'engager pleinement dans mon projet sportif. Je ne désespère pas de voir les structures évoluer. Je souhaite ainsi recueillir les témoignages de dizaines, voire de centaines, de sportifs de haut niveau pour aménager des cursus scolaires et professionnels pérennes.

Mon second combat réside dans la nécessité de mettre au sport un maximum de personnes.

Au-delà de nos expériences respectives, Stéphane Diagana et moi, issus de deux sports complètement différents, partageons la même conclusion sur l'être humain : nous sommes faits pour bouger !

Notre évolution et les développements technologiques nous ont réellement pris de vitesse. Nos corps qui se sont développés durant des millions d'années connaissent une soudaine assistance technologique (voitures, trains, avions…). Bien évidemment, je ne renie en rien le confort de déplacement qui nous permet d'évoluer à vitesse grand V, mais je suis inquiet de l'impact que cela peut avoir sur nos corps et notre santé à long terme. J'ai adoré le film *WALL-E,* le petit robot dernier être sur Terre, mais avec le triste sentiment que nous pourrions finir sur des chaises volantes, mourir intellectuellement de notre dépendance aux écrans et à la technologie. Par exemple, le déploiement des trottinettes électriques m'interpelle. Mais où est passée toute cette énergie que l'on dépensait avant l'arrivée de ces objets 3.0 ?

Vous allez peut-être me prendre pour un conservateur de la première heure, antiprogressiste, absolument pas. Je cherche simplement à trouver le bon équilibre.

Évidemment, cela demande une organisation parfois méticuleuse pour pratiquer régulièrement un sport entre travail, vie de famille et autres contraintes. Nous avons toutes et tous les meilleures excuses du monde et moi le premier. Je culpabilise tellement quand je ne prends pas le temps de descendre dans mon terrain de jeu naturel et je n'ai aucune excuse, ayant une piscine à domicile !

Alors non, je ne nage plus tous les jours pour répondre à cette question que l'on me pose le plus depuis mon arrêt de carrière. Je serais vraiment en souffrance si je devais m'entraîner quatre ou cinq heures par jour ! Et si le contact avec l'eau me manque parfois, je retrouve aisément mon bonheur à raison d'une séance d'une trentaine de minutes par-ci par-là.

En combien je nagerais un 100 mètres désormais ? Plus d'une minute je pense !

Au-delà de mes sensations dans l'eau, je ressens surtout aujourd'hui un changement dans ma manière de travailler, de réfléchir et d'organiser mes différentes missions professionnelles. La reconversion des sportifs est un vaste sujet, parfois presque tabou. Personnellement, je n'ai pas ressenti de « petite mort », mais la conçois pour certains de mes collègues. S'y préparer et surtout trouver son terrain d'épanouissement est essentiel. Pour moi, il se trouve logiquement autour des bassins, là où ma carrière me sert de caution. Mes activités se partagent entre :

– l'organisation de stages de natation ;

– le conseil sur les constructions de piscines et autres centres nautiques ;

– l'intervention en entreprise ;

– les déplacements pour des événements (inauguration de piscine, relations presse avec mes partenaires) ;

– la gestion bénévole du Cercle des Nageurs d'Antibes ;

– le développement d'outils connectés dans la natation, tels que des caméras sous-marines Vogo Scope ou des capteurs dédiés à la performance.

Par ailleurs, je suis également conseiller municipal à Antibes depuis juin 2020, à la délégation du service jeunesse. Très impliqué dans des actions auprès des enfants un peu partout en France, j'ai ressenti le besoin de le faire plus localement. Jean Leonetti, maire de droite d'Antibes, m'a contacté il y a deux ans et j'ai accepté sa proposition après un mois de réflexion. Je me suis engagé car je suis en phase avec ses valeurs de droite, sans éprouver le besoin de prendre une carte au parti LR. Je suis un homme de droite, sans être un capitaliste forcené. Je me suis battu pendant des années pour gagner ma vie, j'ai récolté ce que j'ai semé, la juste récompense de mes efforts. J'ai d'ailleurs voté Sarkozy en 2007, son « Travailler plus pour gagner plus » ayant fini de me convaincre.

Mes premiers échanges marquants avec l'ancien chef de l'État datent d'Eindhoven, lors des Championnats d'Europe 2008. Le soir de mon premier record du monde sur 100 mètres nage libre, je reçus un appel. « Ne quittez pas, le président va vous parler. » La discussion dura cinq bonnes minutes. Nicolas Sarkozy me félicita puis la conversation bifurqua sur son amour pour le sport, sur sa passion pour le cyclisme et le fait qu'il adorait monter sur son vélo. Il me parla aussi de ma course et de l'impact que cela avait eu en France. Et à la fin, il m'invita à venir le voir à l'Élysée, ce que je ne ferai jamais par manque de temps, avec aujourd'hui un peu de regret.

Le lendemain, je battis une nouvelle fois le record du monde. Et le président Sarkozy me rappela. La discussion dura encore cinq bonnes minutes. Je me sentis plus en confiance que la veille et découvris un peu plus l'homme, ses côtés chaleureux et sympathiques, loin de l'image parfois autoritaire qu'il pouvait renvoyer en public.

Le jour suivant, je battis encore un record du monde, cette fois celui du 50 mètres nage libre, mais pas d'appel présidentiel. J'en avais presque pris l'habitude…

Trois ans plus tard, en 2011, j'étais sur le point de partir en vacances avec des amis et je reçus un appel de sa conseillère sport, Sophie Dion. Elle m'invita à accompagner le président aux Jeux du Pacifique de Nouméa, avec l'athlète Marc Raquil et le véliplanchiste Robert Teriitehau. À un an de la présidentielle 2012, il y avait forcément chez le président Sarkozy des arrière-pensées dans le fait de nous embarquer avec lui, mais je m'interroge encore aujourd'hui sur le choix du casting de ces trois sportifs.

Toujours aussi sympathique, Nicolas Sarkozy prit le temps de venir nous saluer dans l'avion. Un voyage inoubliable, en *inside*, au cœur de la machine d'État, et jalonné d'échanges notamment avec la ministre des Sports de l'époque, Chantal Jouanno… Je ne l'avais jamais rencontrée et elle me surprit quelque peu en lâchant sur le ton de la confidence : « Je ne fais plus de jogging avec le chef de l'État car il ne court pas assez vite ! »

Le monde politique est rempli de vacheries et de petites phrases assassines qui me surprendront toujours, mais je ne suis pas naïf non plus…

Un jour, lors d'une cérémonie pour son départ à la retraite, Claude Fauquet, notre DTN (Directeur technique national), prononça dans son discours de remerciement une phrase qui résonne encore dans mon esprit : « On ne naît pas Homme, on le devient. »

Comme dans notre évolution personnelle à travers le sport, notre apprentissage permanent tout au long de la vie nous pousse à devenir meilleurs. L'héritage laissé par nos « anciens » est censé nous faire progresser pour ne pas reproduire leurs erreurs. Et malgré l'inconnue qu'est le haut niveau, toutes les difficultés à surmonter, si je devais recommencer, je n'hésiterais pas une seconde. Se découvrir des capacités insoupçonnées n'a pas de prix.

Cela s'est fait non sans peine. Les sensations que le sport procure sont proportionnelles à l'investissement que l'on y consacre. Qui n'a jamais été essoufflé à en perdre haleine ? Qui n'a pas vécu de grande souffrance à vélo, en courant, en nageant, en boxant ? Le sport comme exutoire et moyen d'expression nous ouvre les portes d'un univers où les émotions sont décuplées. On se construit sans cesse au travers de moments aussi fulgurants que marquants. Je repense à des rêves et des sensations vécues lorsque j'avais moins de dix ans et me voyais sur le toit du monde. Des souvenirs où l'espace-temps est ralenti, une sensation de maîtrise totale, des gestes précis et maîtrisés au centimètre près, « une tranche de vie qui fait l'épaisseur de quelques centièmes », comme le dit si bien Stéphane Diagana !

Cette sensation, je l'ai ressentie pour la première fois lors d'une séance de sophrologie à l'âge de douze ans. C'était au cours d'une sélection départementale avec les meilleurs nageurs du sud de la France. Un entraîneur nous convertit aux vertus de la sophrologie. Lors d'une séance, j'ai réussi à me projeter sur un aller-retour de bassin totalement maîtrisé pour gagner ma course. C'était en crawl alors qu'à cet âge-là, je ne nageais en compétition que du dos et du 4 nages ! Simple coïncidence ? Je ne crois pas. Cette projection de réussite et de succès m'a aidé tout au long de ma carrière. Je reste encore marqué par les similitudes entre cette course imaginaire et, quinze ans plus tard, ma finale victorieuse des JO à Pékin.

Au regard de cette expérience, oui j'ai ressenti le besoin de vous raconter mon histoire, qu'elle puisse vous servir de base, de modèle, dans la construction de votre parcours sportif et extrasportif.

J'espère du fond du cœur que Paris 2024 ancrera encore un peu plus les valeurs sportives dans notre société et nous guidera dans les moments les plus difficiles.

En cette période de crise sanitaire, l'inclusion par le sport doit nous rapprocher et permettre de nous accepter, peu importe nos origines, notre couleur de peau, nos orientations sexuelles, notre taille, nos handicaps ou nos faiblesses. Puissions-nous nous entraider et veiller les uns sur les autres car chacun connaît sa dose de drames au cours de son existence.

Lors du choc entre ces deux hélicoptères, pendant les premières heures, en France, les informations n'étaient pas précises sur l'identité des personnes décédées. Certains m'ont cru mort. J'aurais pu être dans ces foutus hélicos. À chaque date anniversaire du drame et assez régulièrement, je ressens encore une profonde blessure. Jour après jour, on apprend à vivre avec, dans cette reconstruction permanente à laquelle nous sommes tous un jour confrontés.

Sportivement, j'ai vécu des choses fantastiques, aussi de très durs moments où j'ai eu envie de tout lâcher, mais rien de comparable à ce traumatisme qui me poursuivra toute la vie.

Je n'ai jamais cherché la notoriété. Elle est là et je souhaite simplement la mettre au service de mon pays, fier représentant d'une société où le sport ne doit plus être une variable d'ajustement mais un véritable levier de transformation. Transmettre encore et toujours mon parcours, celui d'un sportif, parti de si loin, sans talent particulier mais qui grâce au travail et à sa ténacité, avec un peu de chance, a su forcer son destin, se construire la vie de ses rêves, un destin olympique.

Remerciements

À ma femme, Faustine, la source de mon équilibre, ma famille, ma maman, Christine, Sandrine, et mon papa parti trop vite, mes amis, Denis, Robert, Patrick, David Van Acker, mon cher Roland qui nous a quittés trop tôt, Boris et David Keraudren mon compagnon de la première heure, Stéphane Diagana et Tony Estanguet,
À Antoine Grynbaum et mes partenaires qui m'ont soutenu depuis la première heure dans cette quête, notamment EDF qui m'accompagne dans ma reconversion. Emmanuel Laureau, sans qui ce livre n'aurait pas pu voir le jour.

Également chez Talent Sport

Imprimé en France par CPI
en octobre 2021

Dépôt légal : octobre 2021
N° d'impression : 165581

Talent Éditions est engagé dans le développement durable afin de limiter l'empreinte carbone de la fabrication de ses livres. Soucieux de l'impact environnemental de notre métier, nos ouvrages sont imprimés en France sur du papier certifié issu de plantations gérées de manière éco-responsable. Les livres non-commercialisables sont recyclés et réutilisés pour la fabrication d'autres produits cartonnés